日本人でいるリスク

不安で残酷な世界を生きるために、いま、やっておくべき44のこと

ひろゆき（西村博之）

マガジンハウス

「リスク」を知らないまま、不安を抱えて生きるか。
「防衛術」を学んで実行し、幸福を手に入れるか。

どちらを選ぶかは自由です。でももし、後者を選んで、

「これから日本で生きていくうえで、どんなリスクがあるのかを知りたい」

「そのリスクにどうやって対処していけばいいのかを学びたい」

と考えるなら、本書は必ず役に立つはずです。

少子高齢化が進行し、経済が停滞している日本では、

今後さまざまなリスクが顕在化していくでしょう。

物価が上がり続けているのに、給料は下がるという「お金」にまつわるリスク、

人口減少で空き家が増え、急激な地価下落が起こる「不動産」が抱えるリスク、

コロナ禍によるストレス増加に起因する「うつ病発症」というリスク、

……など、知らないうちに「危機」が近づいてきているのです。

そんな状況の中で、幸せをつかんでいくためには、
「真実」を知り、今のうちから「準備」をしておく必要があります。
本書で紹介している「リスクに対する防衛術」はすべて、
誰でも実践できる方法になるよう意識しました。
日々の生活や仕事に取り入れることで、自分にとって
ベストな人生を設計してほしいと願っています。

自分にこれから降り注ぐ可能性があるリスクを知ることで、

暗い気持ちになることもあるかもしれません。

思わず目を背けたくなる事実やデータもあるでしょう。

しかし、今、見なかったことにしたツケを払うのは、将来の自分自身です。

今ならまだ、リスクが実際に問題化する前に、その芽を摘むことができます。

日本人として日本で生きていく人たちへ——
あなたに向けて、この本を書きました。

日本人でいるリスク　目次

はじめに　日本人として日本で生きていく人たちへ　14

第1章 政治・経済――「嘘をつく人」に騙されない

経済混乱がもたらす不幸――22
リスク01 「給料」は下がるのに、「物価」は上がる　22
リスク02 社会保障の縮小、税負担の増加　32
「進む方向」を間違えている政治――36
リスク03 「格差の消滅」で国民総貧困　36
リスク04 競争に負ける「過度な規制」　41
リスク05 「できない人」に合わせるＩＴ後進国　49
民主主義はオワコンなのか？――56
リスク06 「多数決」が機能不全を起こす　56
リスク07 堂々と嘘をつく政治家　61

リスク08 選挙ハックされるようになる 66

第2章 ビジネス――「できない人」ともどう成果を出すか？

先進国唯一の「低成長国」で起こること――72
リスク09 「日本企業倒産」によるリストラ 72
リスク10 「安く働く人」しかいない社会 77
「昭和体質」企業の歪み――82
リスク11 「無能なおじさん」がはびこる 82
リスク12 「不正をしたほうが得」という風潮 87
「新卒一括採用」はいつまで続くのか？――92
リスク13 「スキル不足」で転職できない 92
リスク14 「就職ガチャ」に外れる 98
リスク15 好きな仕事では生きられない 102

第3章

生活──「大切な人」と幸せに生きるために

なぜ、こんなにも「生きづらい」のか？──110

リスク16　低下し続ける「幸福度」　110

リスク17　うつ病発症リスクの増加　116

リスク18　「相対的貧困家庭」に陥る　121

「情報洪水社会」の心得──126

リスク19　「偽情報」だらけのＳＮＳ　126

リスク20　専門家よりインフルエンサーが重宝される　130

リスク21　知らないうちに個人情報流出　137

高齢者大国ニッポンの未来──141

リスク22　「医療崩壊」が現実に　141

リスク23　数十年にわたる介護生活　146

気候変動が変える日常 ―― 151
リスク24 温暖化による電力不足 151
リスク25 「未曾有の大災害」で命の危機 155
リスク26 新たなパンデミックで経済が止まる 160
不動産はこれからは「負動産」 ―― 165
リスク27 「買い手不足」からくる急激な地価下落 165
リスク28 実家が「空き家」になる 169

第4章 教育 ――「時代錯誤な人」に振り回されない

「謎の慣習」がはびこる現場 ―― 176
リスク29 「前例踏襲」すぎる教育 176
リスク30 役に立たないことしか学べない 181

「政治」と「教育」の微妙な関係――186
リスク31 行き過ぎた「愛国教育」の推進 186
リスク32 研究者の待遇悪化&予算削減 190
「子どもの幸せ」を願っているのに……――196
リスク33 親ガチャで人生決定 196
リスク34 仕事と育児の両立が不可能 201
「学歴至上主義」に染まった社会――206
リスク35 「学歴フィルター」にかけられる 206
リスク36 巧妙化する「マルチ商法」に狙われる 211

第5章 人間関係――「危ない人」とは距離を取れ

「みんなと同じ」でないと我慢できない人たち――218
リスク37 「過度な同調圧力」に晒される 218

リスク38 人生の失敗はすべて「自己責任」 222
「理解できない＝許せない」という残念思考 228
リスク39 マイノリティが徹底的に叩かれる 228
リスク40 執拗なモンスタークレーマー 233
「独身おじさん悲しき孤独」問題 237
リスク41 4人に1人が「結婚できない男」 237
リスク42 社会に居場所がなくなり「引きこもり」に 241
「他人の不幸」こそが最高のエンタメ 247
リスク43 炎上祭り化する誹謗中傷 247
リスク44 キャンセルカルチャーで名作が「お蔵入り」 251

はじめに　日本人として日本で生きていく人たちへ

僕はこれまで、著書やインターネットなどで、事あるごとに「若い人はどんどん海外に脱出すべき」と述べてきました。日本という国が、今後縮んでいくことが明白だからです。

しかし、実際に海外脱出を果たしている日本人は、ごくごくわずかです。

外務省は3か月以上海外に暮らす日本人のデータを取っており、海外在留邦人数調査統計という名目で発表しています。それによれば、２０２２年10月１日の時点で、長期滞在者は約75万１０００人で、海外永住者は20年連続で増加し約55万７０００人になったそうです。

この永住者の数字に関して「過去最高」などという表現もされていますが、日本人口全体のわずか０・４％にすぎません。実際に、あなたの周囲を見回してみても、海外に移住した人は、せいぜい１人見つかるかどうかというレベルだと思います。

つまり、何があろうとも**大多数の日本人は、日本人として日本で生きるという道を選択しているわけ**です。きっと、あなたもその１人でしょう。

僕はその選択を否定するつもりはまったくありません。生まれてからずっと暮らしてきた国に居続けたいというのは自然な気持ちですし、家族や仕事の関係などで海外移住が難しい人もいるでしょう。

ただ、日本で生きていくことを決めたのであれば、この国でこれからどう生きていくか、どう働いていくかについて、真剣に考えなくてはなりません。本書の目的は、そこに本気で切り込んでいくことにあります。

僕は数年前からフランスで暮らしていますが、たしかに、生まれた国、大切な人が住んでいる国を出て行くのは、そうそう簡単なことではありません。誰だって、母国に対する愛着はあるでしょう。

一方で、日本の少子化は深刻なレベルで進行しています。このことは、何を示しているのでしょう。もし、日本という国に大きな可能性を感じているなら、もっと多くの人たちが子どもを持つのではないでしょうか。

要するに、**これからもずっと日本で暮らしていきたい気持ちは強いものの、将来に不安を覚えている人が多いはずです。**

それも当然のことで、なんといってもお金の問題があります。人生100年時代などと言われても、老後資金のことを考えたら喜んでなどいられません。自分の面倒を見るのが精一杯。子どもが欲しくても、教育費を考えたら不安で産めないのが現実でしょう。

また、日本には、地震や台風などの自然災害も多く、財産どころか命さえ保証されていません。

加えて、世界の情勢もひどく不安定です。コロナ禍、ウクライナ侵攻、大手金融機関の破綻……数年前には予想すらつかなかったことが起き、そのたびに僕たちは翻弄されます。これでは、不安になるなと言うほうが無理です。

不安なのは「知らない」から

こうした数々の不安に対し、絶対にとってはいけない悪手は「目を背けること」です。僕たちが不安感を強めるのは、先が見えないから。つまり、どうなるかがわからないままでいるからなのです。

大切なのは、ひとえに「知ること」。たとえ、それが**暗い見通しであったとしても、正しく知ることで適切な対策が打てます**。すべては、正しく知ることから始まります。「暗いことなど考えたくない」と、嘘で固めた明るい未来に逃げていれば、いずれ大変な目に遭います。いざ、真実と向き合わなければならなくなったときに、何も打つ手を持たないからです。

逆に、本当のことを正しく知り、最も合理的に対処できる自分がいれば、何も恐れることはありません。このとき初めて、どんな人にも明るい未来が拓けるのではないでしょうか。

本書では、日本人としてこれからの日本で人生を送るうえで、心得ておかなければならないあらゆるリスクについて取り上げ、それぞれのリスクからどう我が身を守ればいいかという防衛術を、一つひとつ具体的に述べていきます。

「今自分ができること」に集中する

そこでは、「社会保障の縮小・税負担の増加」などニュースでよく目にするようなものから、「格差の消滅により、国民総貧困に陥る」といった意外に思われるようなものまで、幅広い範囲を扱います。

いずれのテーマにおいても、**防衛術は徹底的にミクロなもの、つまり個人でもできることに絞りました。**あえて僕がそうしたのは、具体的に「どう行動すればいいのか」を伝えたいと思ったからです。

たとえば「税負担の増加」というリスクに対し、「国民の負担が少なくなるように、国や自治体は制度を変えるべきだ」というマクロな視点に立った意見があるのはもっともです。僕自身、その通りだと思います。

しかしながら、実際にマクロな変化が起きるまでには時間がかかりすぎます。しかも、その間にも別のリスクがどんどん降りかかってきます。

だから僕たちは、今自分ができることにまずは集中すべきなのです。税負担が増加したら、「堅実な投資をして、最低限の資産を稼ぐ」といったミクロな対応をしていくことが非常に大事です。

僕が本書で提案する防衛術は、一つひとつはとても小さなことです。しかし、そうした**小さな武器をたくさん持っていることが、最終的には幸せな人生につながります。**

いくら立派な武器でも、使いこなせなければなんの役にも立ちません。むしろ、持っているだけ荷物が増えて不利になります。それよりも、手軽に使える武器をたくさん持ちましょう。そして、実際にどんどん使っていきましょう。

それが、日本人として日本に生きて、明るい未来を手にする方法だと僕は確信しています。

ひろゆき

第1章

政治・経済

「嘘をつく人」に
騙されない

経済混乱がもたらす不幸

リスク01 「給料」は下がるのに、「物価」は上がる

アメリカではインフレ懸念の高まりから、ＦＲＢ（アメリカ中央銀行）は金利を引き上げ続けています。金利が高くなればお金が銀行に集まり、理論上はインフレ抑止に働くからです。

それによって、円を売ってドルを買う動きが大きくなり、急激に円安が進みました。一時は、１９９０年８月以来32年ぶりに１ドル１５０円台に乗せました。

こうした円安の動きは当然で、たとえば１万ドル持っていたとして、アメリカの金利が５％であれば、銀行に預けておくだけで１年で５００ドル（１ドル１３０円として

6万5000円）増えます。対して、日本円を130万円預金していても、金利0・1%なら、1年で1300円しか増えません。**より大きなお金を動かす投資家たちが、円をドルに換えていくのは当たり前のこと**なのです。

しかし、日銀もようやく金利政策変更の兆しを見せ始め、2022年末に10年国債利回りの誘導レンジを現行の±0・25%から±0・5%に拡大することを発表しました。つまり、日銀が長期金利（10年国債利回り）の変動幅を±0・5%になるようコントロールしていくということです。これは直接的な利上げではないものの、日銀の発表後、円高が進み、一時1ドル127円台になりました。

今後はドルが買われ円が売られ、ますます円安が進み……という負のスパイラルから抜け出せそうだと思うかもしれませんが、そうとも限りません。日本はそうそう金利を上げられない事情があるのです。

当然すぎる円安の到来

ほとんどの人は住宅を買うときにローンを組むと思いますが、住宅ローンは大きく分けて、金利が変わらない固定金利と、定期的に金利が変わる変動金利の2種類があります。変動金利は金利が上がるリスクがある分、固定金利よりも金利が低く設定されています。

そのため、少しでも支払額を抑えたい人は変動金利を選ぶ傾向にあり、民間の住宅ローン利用者の6割以上が変動金利を選んでいます。

もし、金利が上がると、変動金利で住宅ローンを組んでいる人は、ローンの支払額が増え、一気に苦しくなります。家計破綻する家庭も出てくるでしょう。

また、企業も打撃を受けます。金利が上がると、利子が増えるので、新たな借金もしにくくなり設備投資ができなくなります。その結果、企業の稼ぐ力が落ちてきてしまうわけです。

このように、**金利を上げると、個人も企業も大きな影響を受け、景気が冷え込むリスクがあるため、経済が停滞している日本では金利を上げることが難しい**のです。

では、アメリカはどうでしょうか。金利を上げることで不景気になったら今度は金利を下げるでしょうが、今のところ景気に問題はなさそうです。物価は8%程度上昇しても、給料も5%平均で上がっていますし、コロナ政策でばらまいたお金があるから、人々は財布のひもを締める必要がないのです。

となると、多少金利政策に変化があったとしても、円安はしばらく続くと考えざるを得ません。実際、2023年2月以降は1ドル130円台と、依然として円安傾向が続いています。

スタグフレーションが起きる理由

実は、景気に対しては、日銀にできることはありません。日銀の役割は物価の安定であって、日本経済を活性化させるために存在しているわけではないからです。

景気をよくしていくのはもっぱら政府の役割ですが、肝心の岸田政権は「新しい資本主義」などという中身のないことを言い続けているので、投資家はどんどん日本から逃げてしまいます。

加えて、今の日本には個別にいい企業はあっても、業界として強いものがありません。一時期のソーシャルゲーム業界や、昭和の時代の不動産業界のように、「この産業に投資すれば儲かる」というものがないのです。

結果的に、国内で買われるのも海外の株で、日本株ではありません。

それによって、円が流出しさらに円安が進み、海外投資も加速します。

輸入品が高騰し、物価高が進行します。

人々が消費を控え、不景気になります。

こうして、**景気が低迷しているなかで物価が高騰していくという最悪のシナリオ「スタグフレーション」が起きる**のです。

好景気を望まない社会的要因

そもそも、物価が上がること自体は悪いことではありません。物価上昇に比例して給料も上がっていけば、アメリカのような好景気になります。僕が住むフランスでも、たとえばユニクロの商品は日本と比べて3割増しくらいの値段なのですが、別に問題なく売れています。つまり、物価の上昇を国民が受け入れているわけです。

ところが、日本では景気が悪いまま円安による物価高が進行しています。

長く日本は、外貨を稼げるような魅力的な商品・サービスを提供する産業を育てずにきました。政治家たちが「円安にすれば輸出が増えて国内産業が成長する」という古い政策をとり続け、商品・サービスの魅力を向上させるよりも、円安によりとにかく安く提供することで競争力を高めようとしてきたために、今の結果を招いているのです。

また、社会構造にも問題があります。

日本の人口約1億2500万人のうち、4000万人が年金暮らしの高齢者です。実は、この人たちは日本経済がよくならないほうがいいのです。

年金はある程度物価を反映して増えますが、高齢者の多くは貯金を切り崩して生きています。景気がよくなって物価が上がると、その貯金の価値は目減りします。

働き盛りの若い人たちにとっては、給料も物価も上がって景気がよくなるのが理想でも、高齢者はそうではない。

そして、そういう高齢者が数多くいるから、選挙で勝ちたい政治家は、若者の将来（日本の将来）を考えた思い切った経済政策をとろうとしないわけです。

日本経済の停滞は水平に維持しているレベルではなく、徐々にずっと下がり続けている状態です。

ここから抜け出すには、大きな変革が必要です。

もはや、政府の方針など関係なく個人レベルで動くしかないでしょう。**個人や一民間企業ができる対策として、まずは海外向けの仕事を増やすことです。**

一つは、海外の企業と仕事をすること。たとえば、日本のエンジニアはいい仕事をするにもかかわらず、日本では安い給料しか受け取れません。彼らが外国企業で仕事をしたら、ずっと高い給料を手にできます。

そのときに、海外に住んでもいいけれど、家賃も物価も高いから、理想は日本にいてリモートで海外企業の仕事をすることです。モノを売る商売もいいでしょう。日本で日本人相手に売るのではなく、海外に顧客を持ち外貨を稼ぎましょう。

たとえば、アメリカの大都市、ニューヨークやロサンゼルスでは、ラーメン1杯が3000円近くするのが当たり前です。日本でなら1000円ぐらいの値づけしかできないでしょう。つまり、**しっかり物価が上がっている国に対してモノを売れば、日本国内で売るよりより多く稼ぐことができる**のです。

日本人は丁寧にモノをつくるのがうまいけれど、過去において海外で商売できるのはどうしても企業や組織に限られました。

でも、今はインターネットで誰でもどこにいても世界中の人にモノを売れる時代です。思い切って行動に移しましょう。

とくに、円安であればこそ、新たにモノを売るチャンスもあるはずです。「なんだろうこれ、面白そうだな」と手に取ってもらう機会も増えるでしょう。

ただし、儲けを生み出すほど販売するには、魅力的な商品であることが必要です。H&MやZARAという安価な衣料メーカーが軒並み不調ななか、ユニクロが売上を伸ばしているのは「素材の質がいい」という評価を得ているからです。いくら安くても品質が悪くてはダメで、むしろ値段に関係なく、質のいいものが求められる時代です。個人レベルの商売であっても、そこのところは同様。多くの人が「買いたい」と思えるものを売っていきましょう。

iPhoneは10万円以上しますが、世界中で1500万台売れています。先進国の人々は「欲しい」ものを買うのであって「安いから」という理由だけでは買いません。

英語力は必要だ

海外に顧客を持とうとしたら、英語力は必須です。

というと、「自分には無理だ」と決めつけてしまう人がいるかもしれませんが、英語は学ぶ目的さえはっきりさせてしまえば、案外、簡単に身につきます。

当然のことながら、あなたの目的は仕事のため。「外国人の顧客と話せるようになりたい」「ネットにアップする商品記事を英語で書きたい」などというものではないでしょうか。

もし、TOEICで高得点を取りたいというなら、まずはきちんと英文法を学んだほうが早いでしょう。TOEICのテストには、長文読解や文法の間違いを指摘するような問題が出るからです。

一方で、話せるようになりたいなら、その環境に浸るのが一番です。僕は英語とフランス語を話すことができますが、その理由は単純で、アメリカとフランスに長く滞在した経験があるからです。

また、もう一つの大事なポイントは「習うより慣れろ」です。僕がアメリカの大学に留学したときは、大学の授業よりも友達との会話のほうがよっぽど役に立ちました。寮で酒を飲みながら英語で話しているなかで、いろいろな表現を試していたのです。通じなくても単なる雑談なので、気にしなくていい。聞き返されたら別の言い方を使ってみる。そうやって自然と「使える英会話」を身につけていきました。

英語環境に浸るのにおすすめなのが、フィリピンで暮らしてみることです。マニラなら1カ月20万円くらいの予算で、英語学校に通いながら生活できます。フィリピンの母国語はタガログ語ですが、多くの人が英語を話せるので、あなたも日常的に英語を使うことになります。

あるいは、映画の2カ国語字幕を活用してもいいでしょう。アメリカ映画などを再生するときに、日本語と英語の2つの字幕を併記し、同時に内容を把握します。

日本語の字幕だけでは英語の勉強にはならないけれど、英語の字幕だけだと映画そのものが楽しめなくて嫌になってしまいます。併記することで、内容も楽しみながら英語も目で追っていけます。

いずれにしても、**頭の中で日本語を英語にしようとしないで、最初から英語で話してみる意識が必要です。**「この文法合っているかな」とか「正しい発音はどうだったっけ」などと考えていてはダメ。自意識過剰にならないで、どんどん英語を口にしてみましょう。

防衛術 01

海外向けの仕事をする

リスク02 社会保障の縮小、税負担の増加

現役世代の負担はこれまでにないほど大きくなっています。財務省が発表した2023年の「国民負担率」は、46・8%にもなる見通しです。つまり、給料の約半分を税金と社会保障費で取られてしまうというわけです。これでは、現役世代の生活は苦しくなって当たり前です。

さらに問題なのは、これほどまでに大きな負担をかけておきながら、社会保障は不十分だということです。この国は、高齢者ばかりを優遇していて、これからを担う世代の社会保障はひどいことになっています。

実は、フランスは国民負担率が極端に高い国で、2020年のデータだと69・9%にもなっています。しかし、学費は基本的に大学まで無料となるなど、手厚い社会保障を受けることができます。このように、国民に大きな負担を強いるのであれば、その分、セーフティネットとしての社会保障は充実させていくべきなのです。にもかかわらず、日本はそうなっていない。**限られた社会保障費を、若者ではなく高齢者に使**

っていたら、その国に未来はないと僕は考えるわけです。

もっとチャレンジできる社会に

僕は、社会保障制度はこのままでいいとして、ベーシックインカムを増やし、もっと若者にお金を回すべきだと考えています。

『ハリー・ポッター』シリーズを大ヒットさせたイギリス人女性のJ・Kローリングさんは、シングルマザーで、パートタイムで学校の先生をやりながら小説を書いていました。小説を書く時間があったのは、日本の生活保護のようなものを受けており、フルタイムで働かずに済んだからだと思います。

やがて、彼女の作品は大ヒットして、イギリスにたくさんの税金を納めることとなりました。日本をはじめ、世界中で翻訳されベストセラーとなったので、外貨もたくさん稼ぎました。

国が彼女に支払ったお金は、十分に回収できたどころか、何百倍にもなって返ってきたわけです。**日本も、未来を担う若者たちに、子どもがいてもいろいろなことにチャレンジできる余裕を与えなければなりません。**

面倒くさがりなら「投資信託」一択

さて、自分たちに回される社会保障費は減り、税金ばかりが高くなるという過酷な現状に置かれた現役世代は、少しでも自力でお金を増やしていかなければなりません。そのために、投資も始めておくべきです。投資は、うまくやればあなたの代わりにお金を稼いでくれます。

ただ、本職の仕事をしながらですから、市場の動きをずっと見ているわけにもいきません。最初は投資信託のような、プロが運用してくれるものをおすすめします。具体的に言うと、**手数料が安くて、インデックス型（日経平均株価などと連動することを目標に運用されている投資信託）がいい**でしょう。

僕は過去に、個別の株に投資して、大損した経験があります。株主優待でもらえる割引券目当てにＪＡＬとＡＮＡの株を相当数持っていたのですが、ＪＡＬは見事に潰れ、２０００万円くらい損しました。ＪＡＬがやばいというのはわかっていたのに、こまめな対応ができなかったのが原因です。ただ、途中からは「自分の持っている株が０円になる機会なんてそうそうないから最後まで見届けてみたい」という好奇心が抑えられず、あえて最後まで持ち続けていたのですが……。

そういうこともあって、フランスの株式市場でブランド品を扱う上場企業の株を買うときには、すべての関連銘柄を買いました。なかには下がるものがあったとしても、トータルで上がればいいと考えてのことです。

要するに、個別に考えていくのが面倒なので「市場全体にベットしてほったらかす」という方法をとっているわけです。

とくに、**日本で投資をするなら、税制上有利なＮＩＳＡを使わない手はありません。**

ＮＩＳＡは２０２４年から制度の拡充が行われ、年間１２０万円までの投資信託が非課税になります。今、40歳くらいの人であれば、毎年１２０万円を積み立てられれば、60歳のときには、老後に必要だと言われている２０００万円の資産を築くことができます。個別銘柄への投資もいいですが、リスクも出てくるので、あなたが僕のような面倒くさがり屋なら、「ＮＩＳＡで投資信託を買う」という一択でいいでしょう。

防衛術02 制度を使い倒して投資する

「進む方向」を間違えている政治

リスク03 「格差の消滅」で国民総貧困

「格差」の消滅はリスクではなく、むしろいいことでは？　と思ったかもしれませんが、それは違います。

欧米では富裕層と貧困層の二極化が進んでいると言われています。

実はこうした格差は、国の経済が大きく成長した後に生まれます。新しいビジネスや産業が生まれ経済が成長すると、それによって生じた膨大な富を一部の人が得るからです。アメリカのＧＡＦＡなど、その典型でしょう。

一方で、今の日本には、大きなビジネスが新しく誕生する兆しはありません。だから、むしろ格差はなくなっているのです。**日本という国は、もはや格差すらつくれない状況に陥っている**と言っていいでしょう。

儲かる産業がなく税収が少なくなれば、国による再分配も進みません。

貧困層が救済されるためには、再分配のための財源が絶対に必要。つまり、たくさん儲けてたくさん納税する人が増えることが必須です。ということは、結果として二極化が進むとしても、圧倒的に稼ぐ富裕層が誕生しなければならないのです。

そう考えると、一概に格差は悪いものとは言えません。**今の日本に必要なのは、とにかく儲かる産業をつくって、たくさんの利益を得てたくさん納税する人を増やすこと**です。と同時に、そこで生じる貧富の格差をどうフォローしていくかについて、しっかりとした制度をつくることが望まれます。

ただし、残念ながら新しい産業は生まれてきそうにないから、大多数が一緒になってマイルド貧困に陥っていくことになるでしょう。

マイルド貧困から抜け出すには

では、そうしたリスクを、個人としてどう乗り切っていけばいいのか。

理想的なのは、国を救うほどの大きな産業を興すことです。誰かがそれをやってくれれば、その本人だけでなく多くの人が救われます。

しかしながら、実際にはそんなことは無理でしょう。ものすごくたくさん稼ぐことはできないにしても、なんとか富裕層のほうに入る道はあります。

そのために必要なのは、自分が勝てるところで勝負すること。たとえ、**ほかの人たちが稼いでいたとしても、自分が苦手な分野は選ばないこと**です。

僕の場合で言うと、講演会の仕事は一切受けていません。僕は、誰かから投げられた質問に答えるのは得意なのですが、一人でずっと話すのはからきしダメです。一人で話すのが得意な人たちに交ざって講演会の仕事を受けていたら、僕の価値は著しく低下してしまうでしょう。

また、得意なことであっても、競争率の高い場を選ばないというのも重要です。

どんなにラーメンをつくる腕に自信があっても、激戦地に出店してはいけません。ラーメンの聖地と言われる場所に出店すれば、最初こそ「新しい店ができたぞ」と人は集まります。しかし、リピーターを得て生き残るのは至難の業です。

それよりも、居酒屋ばかりのところにぽつんと一軒のラーメン屋があれば、帰りに寄ってくれる酔っぱらい客を確実にゲットできるかもしれません。

僕が興した「2ちゃんねる」の場合、創業当初は似たようなことをやっているライバルが多かったのですが、どんどん辞めていってしまった。その結果、続けていた僕が成功できただけなのです。

だから、**マイルド貧困に陥らずに少しでも富裕層のほうに入るには、得意分野について、いかに競争相手がいないところでやるかという見極めが大切**です。

「お金がないと不幸」からの脱却

もう一つ、マイルド貧困という大多数に所属しつつ、幸せに生きるという道もあります。こちらのほうが、より確実です。

そのためには、お金の使い方に関する意識変革が必要です。何事につけ、お金を使うだけの消費者に留《とど》まらず、クリエイターになればいいのです。

たとえば、頑張って平日の仕事をこなした後の、土日の過ごし方について考えてみましょう。

消費者に留まっていれば、「頑張った自分へのご褒美」として買い物や外食など、お金を使うことになります。そのときに、ブランドものや高価なレストランなど、お金をたくさん使うほど、幸せな気分になれるでしょう。

一方で、クリエイターはどうでしょう。彼らは、お金のあるなしに関係なく、「絵を描いていれば幸せ」「音楽をつくっていれば幸せ」という感覚でいます。幸せになるのにお金は必要としないのです。

このクリエイターには、あなたも含まれます。釣りでも料理でも囲碁でもダンスでもなんでもいいですが、お金をかけずに楽しめる趣味を持つことで、人生はとても豊かになります。

実は、どれだけ使ってもまったく困らないという真のお金持ちは、世界中ほんの一握りにすぎません。

お金持ちの多くも、いつもお金の心配をしています。というのも、彼らは、お金を使いたいからお金持ちでいたいのです。お金を使うことで幸せを感じており、そのためにたえずお金を補充しなければなりません。

だから、中途半端なお金持ちでいるよりは、**マイルド貧困生活のなかに、お金を使わないでできる楽しみを見つけたほうが幸せです。**

そもそも、これからの時代は「いくら貯めたら安泰」というラインは見えにくくなっていて、お金では安心すら得られません。

人生における楽しさや安らぎをお金に結びつけず、「今の生活レベルで幸せ」というスタンスで生きていきましょう。

防衛術03
「お金を使わない幸せ」を見つける

リスク04
競争に負ける「過度な規制」

2022年、日本で初めて電動キックボードの事故による死者が出ました。52歳になる男性が、お酒に酔った状態でヘルメットをかぶらずに電動キックボードに乗っていたところ、駐車場の車止めにぶつかって転倒。頭を打って亡くなったのです。

そのニュースを受けて、「電動キックボードは危険だから、もっと規制を厳しくしろ」という声が出ています。

しかし、自転車事故でも死ぬ人はたくさんいます。特別に、電動キックボードが危険というわけではありません。

自転車も本気でこげば時速50キロほど出せますが、そんなことをする日本人はいません。電動キックボードも同じで、ルールは緩くしておき、後は個人の責任にゆだねておけばいいでしょう。

フランスでは、ローラースケートにモーターが付いたものがあり、街中で乗っている人を見かけますが、これからもいろいろな形で「これまでにない新しい機械」は出てきます。

こうした新しいものを、現行の法律で解釈しようとしても無理。いちいち規制をかけず、どうやって事故が起きないようにするかを考えればいいだけのことです。それが面倒だから、**「とりあえず禁止してしまえ」というのが日本のスタンス**です。

こうしたルールガチガチのやり方は、産業の芽を摘みます。

日本のドローン産業が育たず、他国の後塵《こうじん》を拝する結果となったのは、危険性にばかり着目して厳しい規制をかけてしまったからです。

日本社会は、自ら競争力を失っていくリスクに満ちているのです。

農作物に可能性ありだが……

今の日本では、外貨を稼げるような産業が育たなくなっているものの、農作物は一つの希望だと僕は思っています。

外国に住んでいると痛感しますが、日本の果物や野菜はどれも美味しく、形も揃っていて、とても高品質。世界に輸出して、十分に戦えます。

実際に、日本を訪れた外国人は、日本の農産物を高く評価します。

ところが、せっかく日本人が品種改良を重ねてつくったシャインマスカットの苗木は韓国に盗まれ、和牛として売られている肉はオーストラリア産だったりします。

しかし、彼らは日本人ほど丁寧にモノをつくれないから、シャインマスカットも牛肉も明らかに質が落ちます。そうしたものが広く流通すれば、「日本産はこの程度か」と誤解されてしまいます。

だから、国を挙げての戦略的な管理が必要なのですが、実際にやっていることは逆もいいところです。

「まるや八丁味噌」という686年続いた老舗企業は、味噌を木樽で2年以上熟成させる伝統製法を守っています。ところが、農水省は「ステンレス桶で3か月熟成させたもの」を「八丁味噌」と名乗れるようにしています。

実際に質が高く、海外に輸出して評価を得られ、日本の財産となるのはどちらかは明白ですが、ステンレス桶を用いていないまるや八丁味噌の商品は、八丁味噌と名乗れないわけです。

このように、**本来守るべきところを守らず、おかしな規制をかけて日本の農林水産業をダメにしているのは農水省のお役人たちです。**彼らは既得権益を第一に考えるから、それを潰すことになるアイデアについては、どんなに日本のためになるものでも潰してしまうのです。

日本に既得権益がはびこるわけ

日本の官僚が既得権益を手にできるのは、その独特のシステムにあります。

アメリカだったら、政権が変わったら、そのたびに約3000人いる官僚のトップがすべて入れ替わります。

フランスでも、公務員はどんどん辞めるし、逆に民間企業から公務員に転じたりと、人材の流通が盛んです。

こうした国々と違って、大学卒業後にどこかの省庁に勤め、ずっとそこで情報を持ち続ける日本の官僚は、かなり大きな権限を手にしています。**官僚が、自分たちの既得権益を守るために動いている限り、企業は新しい挑戦を成功させることが難しくなって当然**です。

たとえば、千葉の企業がＰＣＲ検査を全自動でこなす装置をつくったときも、ヨーロッパではどんどん取り入れられたのに、日本ではなかなか承認されませんでした。

コロナにおびえる国民のためを思ったら、あるいは日本経済全体を思ったら、厚生労働省が積極的にバックアップしていくべきなのは明らかです。

しかし、それを承認してしまえば、これまで手作業のＰＣＲ検査で利益を得ていた団体に不利益が生じます。厚生労働省は身内の利益を尊重し、国民全体には大きな損害を与えているのです。

ビジネスの芽を摘む司法制度

日本の司法制度にも問題があります。

裁判官は法律の専門家ではあるけれど、そのほかの分野、たとえば各産業について詳しいわけではありません。しかし、産業界で起きた事案に関しても、彼らの常識で判決を下します。そのため、的外れな判決が横行します。

とくに、デジタルの世界でそれが顕著です。僕が2ちゃんねるの管理人をやっていたときは、まだ「プロバイダ責任制限法」がありませんでした。

今だったら、ヤフーニュースのコメント欄に誰かが違法な書き込みをしても、書いた人が悪いのであって、ヤフーには責任はないという理論が成立します。しかし、以前は「書ける場を提供したやつが悪い」という判断のみがまかり通り、僕は多くの裁判で負けました。

これも、当時の裁判官が、あまりにもデジタルの世界に無知であったことが影響していると思っていますが、**裁判官が悪いのではなく、法律がおかしい**のです。おかしな法律があって、それを守る裁判官がいて、結果的にビジネスの芽が摘まれてしまっているというのが実情に近いでしょう。

今はみんなグーグルを使ってネット検索していますが、かつてはNTTがつくった日本初の検索エンジンがありました。ところが、アメリカのグーグルやヤフーの検索エンジンを使うのは合法だけど、日本の検索エンジンを使うと著作権法に引っかかるというおかしな法律上の問題が生じ、ＮＴＴは断念せざるを得なかったのです。

このように、新しいものが出てくるときに、既存の法律や過去の判例で考えていたら、日本は何も進められず、どんどん後れを取ってしまいます。

こんな日本社会にあって、僕たちができることとしては、既得権益を手放そうとしない人たち、何も変えようとしない人たちに、プレッシャーをかけていくしかありません。

国の仕組みや政策に影響を与える手段として、第一に考えられるのは選挙です。あるいは、デモというのもあるでしょう。

しかし、人口比で高齢者にかなわない若者が、選挙で新しい世界を切り開くのは現実的ではありません。また、騒ぐことだけが目的な人も多いデモは、あまり生産的とは言えません。

これからは、**一人ひとりがロビイストになること。ロビー活動を行っていくことが必要だ**と僕は思っています。

ロビー活動というと、たとえばオリンピック誘致などのために、大きな力と資本を持つ集団が行動することを想像する人が多いでしょう。だから、自分には関係のない世界だと。

たしかに、アメリカなら全米ライフル協会が有名ですが、日本でも日本医師会や業界団体など特定の集団が、自分たちの既得権益を守るために、政治家に圧力をかけるロビー活動をずっと行っています。

つまりは、選挙を通さなくとも、ロビー活動によって政策に影響を与えているわけです。

しかし、ロビー活動は個人であっても行うことができるのです。

具体的な方法としては、「請願」と「陳情」があります。どちらも要望を国会や市議会などに提出することで、議員の紹介があるものを請願、ないものを陳情と言います。提出された請願ないし陳情は審査され、採択されたものは行政に反映されます。具体的な方法は国や市区町村のＨＰなどで詳しく紹介されているので、参考にしてみてください。書類のフォーマットを載せているところもあります。

実際に採択されたものを見てみると、「中学校の統合に関する意識調査を行ってほしい」といった身近なトピックも数多くあり、実際に行政を動かしていることがわかります。**個人でも行政に要望を出すことができるので、「どうせ自分が動いたところで変わらないし」などと諦めずに一度チャレンジしてみる価値はある**と思います。

防衛術04 個人でも「ロビー活動」をする

リスク05 「できない人」に合わせるIT後進国

日本では今、盛んに「DX（デジタルトランスフォーメーション）の推進」が叫ばれています。

しかし、世界的に見れば、すでに2001年には、社会のさまざまな仕組みをITに落とし込む必要性が叫ばれ、ほとんどの国はそれをとっくに終わらせています。日本は、20年も遅れてやっと動き出しているわけです。

コロナ禍でも、日本がいかにIT後進国であるかが露呈されました。典型的な例が、患者の情報などを医療機関と保健所がFAXでやりとりし、それを改めてデータに打ち込むという謎のやり方です。

そもそも他国では、ＦＡＸなどもう流通していません。そんな時代遅れの機材を、未知の感染症という巨大なリスク対応に用いているのが我が国なのです。

本来であれば、ときに１分１秒を争い、かつ正確なデータの保存が不可欠の医療分野こそ、ＩＴ化を進めることが必須のはずです。それによって、過疎地の遠隔治療なども可能になります。

ところが、医療界ではＩＴを使えない老人が幅をきかせているから、一向に生産性が上がらないのです。

官公庁や自治体も同様で、ＩＴ化を図ることで多くの人が利便性にあずかれるはずなのに、亀のような歩みしか見せません。

２０２１年から僕は、福岡市のＤＸデザイナーという任務を請け負っていますが、こうして外部から積極的にＩＴに詳しい人材を採用する動きはまだ稀《まれ》です。

それどころか、多くが「わからないことは外部に丸投げ」方式をとっています。しかし、丸投げすれば、そのシステムがきちんと働いているかというチェック機能までその外部組織がつくることになるので、実際には「ＣＯＣＯＡ」というバグだらけの接触確認アプリに大金を投入するような事態が相次ぎます。
これが、日本の「DX最前線」の実体です。

「海外企業」を選んだデジタル庁

日本では、民間に比べて国や自治体のDXがひどく遅れており、それを解消すべく2021年に設立されたのがデジタル庁です。

ちなみに、**僕はデジタル庁の職員採用に応募したものの、残念ながら不採用でした。**

もし僕が採用されていたら、真っ先に手をつけたかったのが日本企業のシステム導入です。

デジタル庁は、遅れている日本のIT化を進めるために存在しているはずなのですが、驚くことに、そこで使われているサーバやネットワークの類いは外国企業のものです。僕だったら、絶対に日本企業のものを選びます。

あるとき、当時のデジタル大臣であった牧島かれん氏と議論する機会があり、僕は、サーバなど国がずっとお金を落とし続けることになる相手に、なぜ外国企業を選んだのかについて問いました。

さらに、自国のイノベーションを行うためのお金を、外国企業に支払っているという自覚はあるのかということも問いました。

それらに対して得られたのは、「外国企業にしたのは要件をクリアしたからで、今後は国内企業の採用もあり得る」「イノベーションを応援する意思は持っている」などというお役所回答でした。

牧島氏が言うように、要件をクリアした（＝トラブルを起こさない＝無難）という理由で外国企業が選ばれたのであれば、そこにイノベーションはありません。

もはや、日本のＤＸが劇的に進むこともなければ、日本のＩＴ企業が浮上するチャンスもないでしょう。

できない人に合わせる日本

日本でＤＸが進まない理由の一つに、「できない人に合わせる」という風潮があるのではないかと思っています。

フランスでは自治体のＤＸが進んでおり、確定申告などもオンラインで行うほうが有利になるように設計されています。

もちろん、高齢者をはじめとして「ついてこられない人」もいます。しかし、新しいことをやると決めた以上、「ついてこられないほうが悪い」と切り捨てられます。となれば、高齢者といえど必死についていくしかないわけで、結果的に早くDXが進むのです。

一方で、日本の国民性では、なかなかそういう対応はとれません。むしろ、できない人に基準を合わせていくのが日本のやり方です。これは、優しいと言えば聞こえはいいのですが、みんなが低いレベルに合わせて生きることを意味します。

そのことは、この先も日本システムの中で余生を送ればいい高齢者ならともかく、若い人たちにとって大変なリスクとなります。

若い人たちは、ITの基準を日本に置かないことが重要。日本で「そこそこ詳しい」としても、海外ではまったく通用しない可能性が大だからです。

個人としてまず大事なのは、ITに使われる人ではなく、ITを使える人になることです。

「いや、僕は日常的に使っているから大丈夫だよ」と思うかもしれませんが、すでにあるアプリを利用しているのは、僕の言うところの「使っている」ではありません。

そのアプリに「使われている」ということです。

本当にＩＴを使いこなしているのは、プログラムを組んだりアプリを制作することができる人たちです。こちら側に立たないと、いつまでもＩＴ弱者のリスクから解放されません。

そのための一歩は、パソコンをしっかり使えるようになること。タブレットではダメ。パソコンとタブレットはまったく別物という認識が必要です。

スマホやタブレットの機能がどれほど向上しても、そこでできるのはＩＴに「使われる」ことだけです。

どれだけ美しい写真が撮れても、その写真がＳＮＳでどれだけ評価されても、それは「使われる人」を極めているにすぎません。

そんなことをやっている時間があったら、プログラミングを学びましょう。僕は、子どもの頃に親からパソコンをプレゼントされ、わからないなりにいろいろいじっているうちに、ＩＴで飯が食えるまでになりました。

幸か不幸か日本には、言葉の壁があります。インドなどの超優秀なエンジニアも、日本語でプログラムを組むのは無理だから、英語圏を目指します。そのためアメリカでは、仕事を失うエンジニアもたくさん生まれています。

その点、**日本でなら、外国のエンジニアにとっては高い参入障壁があるので、学んだIT技術を生かせる可能性が高くなります。**

荷物の多い出先でスマホを愛用するのはいいとしても、家ではパソコンを使いましょう。会社にあるパソコンとは別に、自分の勉強用に家にもパソコンを設置しましょう。

防衛術05

使われる側より「使える側」に立つ

民主主義はオワコンなのか？

リスク06

「多数決」が機能不全を起こす

民主主義が根づいた先進諸国では、選挙で国民が政治家を選ぶのが当たり前になっています。しかし、昔はそうではありませんでした。

たとえばヨーロッパでは、長きにわたって大衆は「偉い人に従っていれば幸せだ」というスタンスでおり、その偉い人とは宗教的指導者でした。宗教と政治が分かれたのは、ここ100年くらいのことなのです。

また、中国では今でも、中国共産党による一党独裁政権が続いています。今後はさらに独裁色を強めていくとみられ、台湾をも支配下に置こうと圧力をかけるようになってきています。僕は諸外国の反発があるため、実行に踏み切らないとみていますが、中国が台湾への軍事進攻をする「台湾有事」のリスクが高まっていると警鐘を鳴らす専門家もいます。

「民主主義が正しい」という思い込み？

こうした流れを踏まえると、民主主義というのはどこまでちゃんと機能しうるのかという疑問も生まれます。もちろん、現在の中国が正しいなどと言うつもりはありませんが、もしかしたら、**「個人がものを判断できる」というのは誤解で、その誤解に基づいて「民主主義が正しい」とみんなが思い込んでいるだけではないでしょうか。**

日本人にとっても、自分たちで判断していく民主主義より、「殿を支えるのが私たちの使命だ」と従っていた頃の状態のほうが、実は人間として心地よかったかもしれません。

そもそも、先進国に民主主義国家が多い理由の一つは、間違ったことをやっていられる余裕があるからです。間違うことができない国は、独裁政治で効率よく運営していくしかありません。

つまり、民主主義というのは、「もしできたらいいよね」という理想ではあったとしても、国の運営という面からすると大きな問題を抱えているとも考えられます。

情報社会の限界

民主主義の問題点が明らかになっていく過程においては、インターネットの普及は大きな意味を持ちました。

民主主義の進んだ国ほど、インターネット産業が早くから興っています。こうした**便利な情報網ができることで、民主主義の劣化が早まった**と僕は考えています。

昭和の時代の学生運動は、学生同士の噂話や学生新聞などによって情報が広まりました。それには一定の時間が必要だったし、ある種の抑制が効いたわけです。

しかし、ネット上で瞬時に多くの人に情報がわたることで、集団化が簡単に起きるようになりました。

しかも、そこには深く考えない人がたくさん集まっているから、暴走も簡単に起きてしまいます。

人々がさまざまな情報を手にできることは、たしかに大切なことではありますが、民主主義を劣化させる一因であることは否定できません。

騒ぐだけ騒いで終わりでは意味がない

さらに民主主義が進めば、「みんなで決めた政治家と政党がやることは正しい」というところに行き着きます。その結果、政治が機能しなくなって国が没落していく。僕たちは今、先進国のそうしたリスクを目の当たりにしている気がします。

実際に、日本では、10年以上政権をとり続けている自民党のやりたい放題が続いています。

たとえば、亡くなった安倍晋三元首相の国葬決定に関して。

僕個人は国葬に対して、暗殺された元首相を静かに送り出すぐらいはしてもいいと考えている「消極的賛成派」でしたが、あの決め方にはまったく賛同できません。

国葬を内閣だけで決めるのは法的に正しい判断だったのかについて、きちんと検証すべきだし、今後のために国葬に関する法的整備を進めるべきでしょう。そうしたことができるのが、正しい民主主義だと思っています。

しかし、現実的にはそうなっていません。

これは、自民党だけの責任ではありません。民主主義というものに対して、国民一人ひとりの意識が劣化していることこそ大問題なのです。

国葬に反対してデモに参加していた人たちは、その多くが便乗して騒ぎたいだけ。騒ぐだけ騒いだらスッキリしておしまいです。これで政権をにぎる政党を動かせるはずがありません。

選挙で選ばれた政治家や政党は、有利な立場にあるため、なかなか国民の声を聞こうとはしません。また、高齢者に比べて圧倒的に数が少ない若者は、自分たちが望んだ政治家や政党を勝たせることもひどく難しくなっています。

「民主主義の劣化」というリスクに対しては、防衛策として選挙以外の問題解決法を持つ必要があります。その一つが裁判です。安倍元首相の国葬が間違っていたと主張したいなら、騒ぐだけ騒いで満足しているのではなく、しかるべき行動を起こすこと。国葬の差し止め訴訟は却下されましたが、「行政としての政府の行為が適切だったのか」を問う裁判はまだ行われていません。そうした動きによって、「世の中の多くの人々が問題だと感じている」と政治家に伝えることが重要です。

国会で政権政党を追及するための世論がどこまで形成され維持できるかによって、

大衆の意見が黙殺されるか、あるいはなんらかの対応策が練られるかが決まってくるはずです。

防衛術06 〝選挙以外〟で政治家に伝える

リスク07 堂々と嘘をつく政治家

フランスでは「政教分離」がかなり厳格に行われていて、宗教的なシンボルを公共の場に持ち込んではいけないという法律があります。一方日本では、そのあたりの区別が緩く、宗教団体と政界の関係がどんどん深まっていきました。

そうした状況の中、安倍晋三元首相が殺害されたことで、政治家と旧統一教会の癒着が、次々と明らかになっていったのです。

野党の政治家にも該当者は見られましたが、政権与党である自民党に関係を持つ議員が多くいました。

所属議員と旧統一教会との関係について、野党は「党として調査する」という姿勢を早くから示していたのに対し、自民党は個人の申請による調査という消極的な態度を取っています。

その調査の結果、所属国会議員379名のうち、旧統一教会となんらかの接点があった議員が179名いたことが発表されました。しかし、この数字も正確なものではないでしょう。

旧統一教会の関連団体のイベントに出席しても、挨拶をしていなければ名前を公表する必要はないと、自民党はわけがわからない線引きをしています。そのため、現在の教祖を「マザームーン」と呼んだ議員もその数には入っていません。

旧統一教会側は、無償で選挙運動の応援を買って出て当選に寄与する一方で、その政治家とつながりを持ち、政治的発言力を強めてきた。そうした構図を証明するのが、旧統一教会の関連団体が、応援する自民党議員との間で「推薦確認書」を交わしていたという事実です。

しかしながら、**どんな事実を突きつけられても、政治家は平気で嘘をつきます。**

嘘はとがめ続けること

では、嘘をつく政治家に対して、僕たちは何もできないのでしょうか。

そんなことはなくて、嘘についてとがめ続けることが大事です。

旧統一教会問題についてなら、これまでの事実関係についてはもうすでにうやむやになり始めていますが、政治家たちが説明責任を果たしているかどうかを厳しくチェックしていかなくてはいけません。

自民党はこの問題が発覚したことで被害者モードになっている気配さえあるので注意が必要です。

その一例として、安倍派の研修会で塩谷立《しおのやりゅう》会長代行は「我々が標的にされがちな状況の中、悲しみとつらさ、不愉快さも含め結束を乱さずに耐え忍んでいただいている」と、あたかも自分たちが被害を被っているかのような発言をしています。これを見ても、彼らにとって旧統一教会問題は「耐え忍ぶもの」であって、時間が経てば、追及されなくなると考えていることがわかるでしょう。

こうした政治家の態度について、徹底的に批判していかなければなりません。そして**何か嘘をついたなら、それを具体的に取り上げ追及すべき**です。

彼らは「嘘をついてもばれないことが多い」→「不都合なことは積極的に嘘をついてごまかそう」→「みんなで口裏を合わせて嘘をつこう」と、どんどんエスカレートしているわけです。**大事なのは、過去のことをきれいに解明することではなく（それが無意味なわけではありません）、今できることをやること。**

過去を解明することに重きを置くと、それが曖昧になってしまったときに、「もうこれ以上どうにもならないね」という方向に行ってしまいます。それこそ、嘘をつく政治家の思うままです。

2015年に、旧統一教会が「世界平和統一家庭連合」と名称を変更したことで、そのからくりに気づかない人たちの被害が増えたわけですが、この名称変更過程において、当時の文科省大臣であった下村博文《しもむらはくぶん》議員の関与があったことが疑われています。野党やマスコミの追及に対して下村氏は「申請してきたものを受けないわけにはいかなかった」と述べています。

一方、当時、文科省の審議官だった前川喜平《まえかわきへい》氏は「申請を受け取ってしまったら認めないわけにはいかなくなるから、申請させない方向で対処していた」と語っています。そして、1997年からずっと続いてきたそうした方針が、2015年に急に覆ってしまったのは、自分より上の立場であった文科大臣の意向が働いたとしか思えないと証言しているわけです。

ここで、「申請させないという対応が法律的に正しいのか」について論じるのは違うと僕は思っています。そこにこだわれば、「法律を守らなければならないから申請を受理するしかなかった」という下村氏の論理が通ってしまいます。

それよりも、名称変更による被害を拡大させないために、そのときにできることをやった前川氏ら文科省の職員を評価すべきでしょう。

とにかく、**どんな小さなことも見逃さずにとがめ続け、風化させないこと**。過去が解明できないからと諦めずに、現在できることをやり続けること。こうした態度こそが、平気で嘘をつく政治家に対し、僕たちがとれる防衛策の最たるものです。

防衛術 07

「間違い」「嘘」をいちいち指摘する

リスク
08
選挙ハックされるようになる

2022年夏の参議員議員選挙に、僕が親しくさせてもらっている乙武洋匡《おとたけひろただ》さんが、東京選挙区から無所属で出馬しました。乙武さんの出馬を知って、僕は自腹で飛行機代を出し、フランスから応援に駆けつけました。

政策発表イベントでは意見交換を行い、選挙カーに乗って渋谷駅前で応援演説もしましたが、惜しくも落選という結果になりました。

僕が、乙武さんの落選以上に残念に思ったのは、彼のようにしっかりした考えを持っている人が選ばれず、とんでもない人たちが票を集めたことです。

たとえば、ガーシーこと東谷義和《ひがしたによしかず》氏。彼は、ドバイに住みながら、芸能人のスキャンダルなどをYouTubeで暴露することで知名度を集めた人間です。

「悪党どもをはじき出す」「寝ている議員をしばく」という発言を繰り返し、NHK党から出馬し当選しましたが、常習的脅迫などの罪を問われ、逃亡中であることから、日本に帰国することができずに国会に登院していません。再三の登院要請を無視し、

「最後のチャンス」だった懲罰処分の陳謝も応じなかった彼は、参議院本会議で除名され、議員の資格を失いました。

こうしたことによって、**日本で泡沫政党をつくるには、善悪にかかわらず、とにかく目立つ行為を積み重ねればうまくいくという実例を、有権者がつくってしまった**とも言えます。こうしたくだらない人物が政治に関わっていく流れは今後も続き、日本にとって大きなリスクとなっていくでしょう。

タレント議員の空っぽさ

毎回選挙に出馬するタレント議員も、相変わらず減ることはありません。しかし、彼らがいったい、何をどこまでわかっているのか。

僕は以前、あるテレビ番組で、自民党から衆議院選挙に出馬した森下千里《もりしたちさと》さんに会う機会がありました。森下さんはバラエティ番組などに出演していた元タレントです。「政治家として、これを実現させたいというものはあったのですか」という質問をしてみたところ、「来ましたね」と明らかな警戒モード。

「地域のためだったり、みんなのためだったり、社会の一員として働いていきたいという気持ちがあったので挑戦させてもらっています」と言う彼女に、「具体的に政治家じゃないとできないことはあったのですか」と突っ込んでみても、まったく期待した回答は得られないままでした。なんでも、タレント時代にロケであちこち行ったことから、「日本が大好きで、日本がよくなったらいいなと思った」そうです。

「具体的にどこをどう変えると日本はよくなるでしょうか」

「いろいろありますね」

「たとえばでいいですが、具体的にお願いします」

「自給自足を目指したらいいのでは」

それではと、彼女が言う自給自足について聞いても、食糧自給率がどういう指標なのかも理解していない様子でした。

このように、**今や日本の選挙は、大政党が擁立するまったく政治をわかっていない人たちや、汚いことをやって有名になり票を得ようとする人たちにハックされてしまっている**のです。

その結果、本気で日本の未来を考えている人たちにとって、選挙に行ってみたところで票を投じたい政治家も政党もない、という事態が起きています。

こうした現実に対抗するため、「白票を投じるという形で意思表示をしよう」という動きがありますが、僕は反対です。選挙で白票や無効票を投じると、計算上、多数派に投票したのと同じ結果になります。たとえば、ある選挙で、A候補に5票、B候補に3票、白票が6票入っていたとします。一番多いのは「白票＝誰にも投票したくない」ですが、結果はA候補が当選します。**白票は選挙の結果に影響を及ぼさないため、多数派への信任と同じ意味を持つ**のです。

それどころか、これまで選挙に行かなかった若者が白票を投じれば、「若者が選挙に来てくれても勝った。だから、このまま進もう」と自民党は解釈するはずです。つまり、かえって悪い方向に行ってしまいます。

しかしながら、どれほど嘆いてみても、今の日本の有り様は国民の多数派が選んだ結果なのです。これは、誰が首相になっても変わりません。

そうしたなかでもできる自己防衛策として、**まともな首長がいる自治体で暮らす**というのはあるでしょう。

都道府県や市町村といった自治体では、知事や市長など首長の権限が強く、独自の政策を立てることが可能です。

たとえば、少子化対策について、高齢者が多い日本では後回しにされがちです。**選挙で票を得るために、高齢者向きの政策を進めざるを得ない**からです。

一方で、自治体なら違ったことができます。少子化対策を打ち出すことで、子育て世代を他の地域から呼び込むことができるからです。実際に、兵庫県明石市は独自の子育て政策が好評で、近くに住んでいる子育て世帯が引っ越してきて人口が増加しています。

それを見た近くの自治体は、明石市に住民を持って行かれないように、自分たちなりに魅力的な政策をつくっていくことになるでしょう。こうして、自治体発信で、国政に頼らずに日本が少しでもいい国になっていく方法はあると思います。

子育て政策に限らず、自治体レベルでどんなことをやっているかを積極的に調べ、どんどん移動していけばいいのです。

ろくでもない地域からは離脱していく。そうした「離脱する権利」を行使することで自らを守り、選挙とは違う形で意思表示することはできると思います。

防衛術 08

まともな首長のいるところに住む

第2章

ビジネス

「できない人」とも
どう成果を出すか？

先進国唯一の「低成長国」で起こること

リスク 09 「日本企業倒産」によるリストラ

サントリーホールディングスの新浪《にいなみ》剛《たけ》史《し》社長が、経済同友会のセミナーで「45歳定年制」を提案したことが話題になりました。僕はすでに45歳を超えているので、新浪さんの提案に従うと、定年を迎えていることになります。ただ、僕はフランスに移住した38歳ごろからすでに自分のやりたいことをやりたい分だけやってきているので「お前は定年だ」と言われても、生活は何も変わらない気がします。

仕事ができる人ならば、たとえ45歳で定年を迎えても再雇用の声がかかるでしょうからなんの問題もないはずです。**45歳定年制に反対するのは、仕事はできないけれど**

会社にはしがみついていたい人でしょう。

しかしながら、しがみついていられるのも限界があります。もはや、日本の企業には仕事ができない社員の生活まで保障する体力はありません。そんなことができるのは、今後はごく限られた大企業だけで、中小企業はいらない社員をどんどん辞めさせているし、非正規雇用ともなれば首を切るのは簡単です。

そもそも、民間企業に社員の生活を支える義務を負わせるのは間違い。それは政府が社会保障としてやるべきことです。

新浪氏提案の45歳定年制も、国が社会保障を用意したうえで行えばいいかもしれません。そうすることで、企業はもっと有能な人を雇えるし、成長も望めるでしょう。

円安で起きたこと

2023年1月に発表された全国企業倒産集計によれば、倒産件数が3年ぶりに増加しました。これは、円安の影響が出ているものと思われます。

日本企業は、資材や資源をほぼ輸入でまかなっています。円安が続くと、仕入れコストがかさみ赤字になります。「とてもやっていられない」と商売を辞める人が続出し、倒産が増えるのは当然の帰結です。さらに、もし円安が一時的なものではないと考えられれば、「早いうちに撤退したほうがまだ傷が浅くて済む」と倒産を急ぐ企業も出ますから、ますます日本経済は悪化します。

加えて、景気が悪いときには、仕事は人口が多いところに集まります。結果、東京や大阪などに代表される都市部ばかりが栄え、そこに仕事を求めて人がやってくるというサイクルが生じ、地方はどんどん廃れていきます。

そうした地方では、商売が成り立たなくなって、個人商店が潰れるのはもちろん、大きなショッピングモールさえ消える可能性があります。

つまり、**都市部では大勢が仕事を奪い合い、地方ではそもそも仕事がないという状況に置かれ、人々はたえずリストラのリスクに晒《さら》されることになります。**

「チャンスに乗れる準備」をしておく

どれほど給料のいい企業に勤めていても、そこがいつ倒産するかわかりません。個人的にどれだけいい成績を残していても、その仕事自体がＡＩにとって代わられることだってあるでしょう。これからのビジネスパーソンは、今やっていることがうまくいかなくなったときの**自衛策として、「プランB」を持っておくことが必須です**。自分の今やっている仕事とは別の仕事にいつでもチャレンジできるよう、準備をしておく必要があるのです。

そして、プランBを成功させるために大事なのは、ある程度の資金です。

今やっていることから移行して、すぐにプランBでお金が稼げるわけではありません。どんなにいい事業でも、当たるまでは時間が必要。それに耐えられるかは非常に重要です。

また、たとえば「アメリカで面白い話があるから来ないか」などと誘われたときに、お金がないから動けないというのでは、みすみすチャンスを逃してしまいます。

目の前にチャンスがあったときに、それに乗っかれるだけのお金があるかどうかは運命の分かれ道になります。

さらには、お金があることで余裕が生まれ、自由度が広がり、選択を間違えないで済みます。**いつでも新しい仕事に移行できるような準備金として、年収2年分を目安に貯めておく**ことをすすめます。

貯金のコツはただ一つ、無駄遣いをしないことです。身近なところ、たとえば食事や服装などに多くのお金をかけないようにするだけで、お金は貯まります。

よく、「経験が大事だ」とばかり、背伸びして高いワインを飲んだり高級な寿司屋に行ったりする人がいますが、そんなお金があったら貯めておきましょう。

僕の周囲の成功者たちは、服装に無頓着です。もちろん清潔にしていることは大前提ですが、ブランド品などにはこだわらない人がほとんどです。

そもそも、実力があって成果をあげている人は、どんな服装であっても評価されます。それがない人が、ブランド品でごまかそうとしているだけに思えます。

有名な話ですが、スティーブ・ジョブズがいつも同じ服装だったのは、「服装について迷う時間を費やしたくないから」だったと言われています。

こういう考え方は、ムダなお金を使わないだけでなく、合理性にも結びつき、ビジネスでもいい結果をもたらします。

年収2年分くらいのお金を貯めつつ、チャンスが来たら、思い切って乗っかってみる。こうした姿勢でいることが、これからの日本では必要になってくるのです。

防衛術 09

「プランB」を持っておく

リスク10

「安く働く人」しかいない社会

日本では、盛んに「人手不足」が叫ばれています。コロナ流行による行動制限が解除されて、せっかくビジネスの気運が高まってきたのに、働き手がいないため仕事が回らないという声が、観光業などを中心によく聞かれます。

でも、おかしいですね。人手不足なら給料が上がっていいはずなのに、一向にそんな気配は見えません。

ここ30年の間に、アメリカは実質賃金が40%以上も上がっています。アメリカに限らず、ヨーロッパやアジアの国々はどこも賃金は右肩上がりなのに、日本だけはほぼ横ばいです。

しかも、年収200～400万円という低収入世帯が増えており、2000万円以上の富裕層はあまり変化がありません。つまり、みんな等しく貧しくなっているのが今の日本なのです。

それにしても、なぜ日本だけがこんなことになっているのでしょう。

社員に高い給料を支払うためには、会社が高い利益をあげている必要があります。もちろん、日本には儲けている企業もありますが、その大半は自動車産業や電気産業などに代表される古い大企業です。

こうした企業は、もともと雇用体系も給与体系も硬直化しており、優秀な社員に十分に報いることができず、そのために生産性も上がらず、結局は社員の給料も上がらないという悪循環が起きています。

たとえば、東芝は原子力部門で大失敗しました。アメリカなら担当部門は潰され、社員もクビになるでしょう。しかし、東芝の人たちはあいかわらず会社にいて、売上がかなりあったメモリ部門の利益を食い潰しています。

このように、**どこかに利益の上がる部門があると、不採算部門がカバーされてしまうという構造がある限り、社員に高い給料を支払える状況にはならない**のです。

「人手不足」の本当の意味

ちなみに、日本は人手不足だと言いながら、失業している人が150万人を超えます。この失業者たちは働きたいのだけれど、あまりにも給料が安いために仕事に就かないだけです。

つまり、**国が「人手不足だ」と言っているときの「人手」とは、安い給料で働く奴隷のこと**なのです。給料をちゃんと人間並みのものにすれば、人手不足も失業も解消するでしょう。

ところが、政府はそれをせず、「特定技能制度」という制度を設けて海外から安い給料で働く人たちを入れています。それによって、日本人労働者の賃金が上がらないばかりでなく、いろいろな問題が起きています。

たとえば、ある地域の農家が安く働く外国人労働者を受け入れれば、日本人労働者は同じように安く働くか、あるいは辞めるかしかありません。

さらに、高いお金を払って日本人を雇用している別の農家は不利になります。不利な戦いを強いられた結果、廃業せざるを得なくなれば、よけいに日本人の失業が増えるのです。

だから、「安く働いてくれる人がたくさんいないと商売にならない」と言っているような人には廃業してもらい、効率化を図って労働生産性が上がる仕組みをつくるしかありません。

これは、農業に限らず、どんな分野にも言えることです。

まず必要なのは、低い給料で働く外国人労働者のビザを廃止すること。それによって、単純作業に従事する人が少なくなります。

そのうえで、日本国民全員に最低限の生活費を支給したり、働く子育て世代への補償を拡充すれば、そもそも生活のためにあくせく働く人が減ります。

このようにして、本当の意味で働き手が不足すれば、それを確保するために給料が上がります。と同時に、単純作業の自動化が進み、生産性がアップします。

このくらい抜本的な改革に踏み切らないと、日本人の給料はいつまでたっても上がりません。しかし、日本の政治家でそんなことをできる人はいないでしょう。

こうした状況にあって**個人ができるのは、高い給料を求めてどんどん転職することでしょう。**そして、移った先が合わなかったら、遠慮なく出戻りすることです。

転職は、仕事ができる人にとっては、間違いなく給料アップにつながります。同じ会社に居続ければ、どれほど仕事ができても、毎年年収が30万円以上アップしていくようなことはほぼありません。しかし、転職したら年収が50～80万円上がったなどというのはよくある話です。

一方で、「こんなはずじゃなかった」ということも起き得ます。会社は、その中に入ってみなければわからないことがたくさんあります。失敗したなと感じたら、遠慮なく元の会社に戻ったらいいでしょう。この選択肢を最初から放棄しているから、なかなか転職に踏み切れないのです。

僕が役員をやっている会社では、辞める人も多いですが、戻ってきた人もたくさんいます。優秀な人については、「高い能力を買われてどこかに移ることもあるだろう」と経営側も思っています。それはわかったうえで雇っているのであり、その人が「ほかも見てみたけれど、やはりここが良かった」と思ってくれるのは嬉しい話なのです。

僕のいるＩＴ系や、あとは出版社などは割と「転職が当たり前」という価値観が浸透しています。ただ、**これからはさまざまな業種で転職に対するハードルが下がっていく**ことは間違いありません。

防衛術10 転職で給料を上げる

「昭和体質」企業の歪み

リスク11 「無能なおじさん」がはびこる

「これだから、ゆとり世代はダメなんだ」

おじさん上司が口にしたがるセリフです。

実際に、根拠もなく「使えない」と決めつけられて、自信を失ってしまった若者もいるのですから罪な話です。

ゆとり世代と呼ばれる若者たちは、おじさんたちのように長時間働くのには抵抗があるかもしれませんが、だからこそ効率的に定時で仕事を終えているわけです。それを「すぐに帰りたがるからダメなんだ」と考えるのは、それこそ無能の証明でしょう。

僕らの世代と今の若者世代を比べると、明らかに賢い人が増えたと思います。僕らの世代だと、何かを頼んでもすぐ忘れてしまって、しかも反省すらしない、「バカだな」と思うような人も結構いた。しかし、今時の子たちは（僕が出会う若者というフィルターはありつつも）そつがなく、明らかに僕たち世代より平均点が高い印象を持っています。

僕がネットの世界でうまくいったのは、伸び盛りのIT業界にいたことに加えて、同世代間の競争があまり激しくなかったからだと思っています。僕らの世代には能力があまり高くない人も少なからずいたので、僕ぐらいの人間でも成果を出すことができたわけです。

なので、**30代くらいまでの人は上の世代からどんなに「君たちはダメだ」と言われても気にする必要はない**と思います。メディアは「○○世代」と一くくりにして若者を叩くのが好きですが、それは、メディアの顧客がおじさんだからです。おじさんの喜ぶことをしないと、彼らが儲からないからです。

そうしたメディアの報道を受け、「我が意を得たり」とばかりにおじさんは「これだから、ゆとり世代はダメなんだ」を繰り返していくのです。

こうしたおじさんの存在は、若者たちにとってリスクそのものです。

無能なおじさんは、生産性が低いのにちゃんと給料を取っているので、存在するだけで企業の利益率を下げます。

さらには、その分、優秀な若者の給料が削られます。

明らかに無能なおじさんが高い給料を取り、そのために自分たちが苦労していると思ったら、若者たちの労働意欲も低下するはず。**無能なおじさんは、若者にとってのみならず、日本社会にとってリスク**なのです。

おじさんといても潰れない方法

かつて多くの日本企業が成果をあげていたのは、経済成長期という時代の流れがあっただけで、おじさんたちが優秀だったわけではありません。

でも、給料は増え続けたから、おじさんたちは「俺たちが有能だったからだ。それに比べてゆとり世代は無能だ」というとんでもない勘違いをしています。

しかも、会社には、数の上ではまだまだおじさんが多いので、彼らの慣習がまかり通ります。おじさんの慣習は、ただ時間ばかり費やして生産性が上がらないものばかり。優秀な若者は、そうした状況で潰されてしまうのです。

こうしたリスクに晒されている若者にとって、大事なのは「関わっているようで関わらない能力」です。

いかに無能であっても上司は上司。おじさんをまったく無視するわけにはいきません。それに、そういう態度に出れば、「だから、こいつらはダメなんだ」と、相手の勘違いに輪をかけてしまいます。

だから、**最低限のコミュニケーションはとりつつも、本気で関わらない**というのがいいでしょう。

つまり、いちいちイライラせず、感性が合わないことなどに悩まないこと。彼らがおかしなことをやっていても、生暖かく見守ればいいでしょう。

僕だったら、そういうなかでも会社員生活を楽しむようにします。

僕が見ている限り、サラリーマン生活を楽しめるのは「ちょっと変わった人」に多いようです。彼らは、会社の命令系統に素直に従うのではなく、どこかで逃げたり断ったりして、勝手に自分の居場所をつくっています。

失敗したときに、笑ってごまかせるようなキャラも必要です。

仕事では誰でも必ず失敗します。それを深刻に受け止めすぎていると、会社員生活を楽しめないばかりか、無能なおじさんに攻撃のチャンスを与えてしまいます。

一方で、当たり外れがあって三振もするけれど、たまにヒットを打って認められていく人は、あっけらかんとしたキャラを持っています。

プレゼンなどで覚えてもらえるのも、真面目なタイプより派手な髪の毛の色をしているような、見た目が変わっている人です。

「ちょっと変わった人」になるのは、怖い面もあるでしょう。しかし、考えてもみてください。無能なおじさんに「普通でいいね」と褒められたなら、それこそ相当にヤバい状態です。

無能なおじさんに逆らう必要はありません。しかし、遠慮する必要もありません。**最終的には、結果を出して自分の裁量を増やし、おじさんたちより出世してしまうのが一番**です。そのためには、仕事をエンジョイするくらいの気持ちが必要です。

防衛術 11 「自分の裁量」を増やしていく

リスク12
「不正をしたほうが得」という風潮

1964年以来2度目の東京オリンピックは、コロナの感染拡大により、予定より1年遅れで開催されました。

僕自身は、世界で活躍するスポーツ選手の考え方や経験を聞くのは大好きですが、スポーツ自体には興味が薄いので、オリンピックはあまり熱心に観ていませんでした。でも、日本国内では結構な盛り上がりになっていたようです。

今回のオリンピックは、開催前からさまざまな疑惑が取りざたされ、そのままあやふやになるのかと思ったら、開催の翌年、東京地検が動き出しました。大会組織委員会の理事だった人物を収賄容疑で逮捕したのを皮切りに、広告代理店やスポンサー企業のトップや社員の不正が次々と明らかにされました。

これらの報道によって、オリンピックは、主催者もスポンサーも賄賂まみれ、違法行為だらけの汚いイベントだということが知れ渡りました。**オリンピックに清廉潔白なイメージを持たせようとしても、もう無理**でしょう。

もっとも、不正行為を働いて儲けた人はあちこちにいるはずですが、その中で逮捕されてしまったのはほんの一握り。多くが、おとがめなしに終わるはずです。

政治家はもちろんのこと、官僚も嘘をついています。

たとえば、安倍政権は国会答弁で、森友学園に関する公文書改ざん問題を巡っては139回、桜を見る会前日のパーティについては118回、事実と異なることを言ったと、衆議院調査局が明らかにしています。

森友学園問題で文書改ざんに関わった近畿財務局の赤木敏夫さんはそのことを苦に自ら命を絶ってしまいました。しかし、ほかの誰かが改ざんの責任をとることはありませんでした。悪いことをやっても、自分さえ逃げ通せばいいというわけでしょう。

個人が嘘をついてしまうリスクがある

こういう社会では、**企業にも個人にも、多少の不正を働いたほうが得であるかのような風潮も生まれます。**

たとえば、健康業界。「水素水」や「二酸化塩素配合商品」といった、科学的になんの根拠もないものが平気で売られています。

アメリカでこれをやったら、訴えられて大損する可能性があるから、そう簡単には嘘はつけません。

しかし、日本は返品に応じてお金を返せば済んでしまうので、企業が嘘をつきやすい土壌があるのです。

もちろん、ばれたときのイメージダウンはあります。しかし、ばれなければかなりの得があるわけですから、売り上げの数字が欲しいときなど、個人レベルでも嘘をついてしまいかねません。

しかし、個人が軽い気持ちで不正を働いたとき、それが会社や上司の意向であっても、オリンピック汚職事件で逮捕された社員や、自殺した赤木さんのように、個人に責任を押しつけられてしまう可能性があることを知っておかねばなりません。

「会社に対する調査」をしているか？

いわゆるブラック企業ならまだしも、一流と言われる大企業や官公庁に勤めたのに嘘まみれの仕事、不正っぽい仕事をさせられた……。こんなリスクから身を守るには、自分なりの調査を重ねていくしかありません。

企業のほうも、社員採用にあたってさまざまなチェックを行っています。

中途採用なら、前職の上司などに話を聞く「リファレンスチェック」をしたり、新卒でもSNSでどんな発言をしているかなどを見ています。

もし、面接で言っていることと実際の経歴が異なっていたり、バイトや就活の出来事などを安易にSNSに流していたような場合、間違いなく落とされます。

それと同じことを、働く側もすべきです。

就職を考えている企業について、その評判を徹底的に調べましょう。SNSをチェックしたり、知り合いがいれば直接話を聞いてもいいでしょう。

もちろん、取引先や個人との付き合いでも同様のことが言えます。

おかしな会社と取引したら、いつの間にかあなた自身も罪の一端を担いかねません。収賄容疑をかけられた人の中には、気づかぬうちに相手から物品を受け取らされていたようなケースもあるのです。

何かおいしい話を持ちかけてくるような人については、深く入り込む前に慎重に調べたほうがいいでしょう。

趣味の集まりに参加してできた新しい友人が、実はネットワークビジネス目的で近づいてきただけだった、などという話も実際にあります。

残念な気持ちになって終わりならまだいいですが、多くのものを失ってからでは遅すぎます。初めて付き合う相手・会社に対しては、事前に「評判」を調査するようにしましょう。

防衛術12
「評判」をリサーチするクセをつける

「新卒一括採用」はいつまで続くのか？

リスク13

「スキル不足」で転職できない

日本には、「新卒一括採用」という独特の仕組みがあります。これについて、「そんなことをやっているから日本経済は世界に後れをとっているのだ」という否定的な意見も多くあります。

たしかに、経験のない新卒が一斉に入ってくれば、その企業の生産性は落ちます。しかし、悪いことばかりではありません。この仕組みがあることで、若者の失業率は低く抑えられているのです。

他国の若者の失業率を見てみると、フランス20・92％、韓国10・13％、アメリカ

8・16%と、日本の3・7%をはるかに上回っています。なぜ、日本以外の国で失業率が高いかというと、企業が人を募集するとき、年齢に関係なくジョブ型のスキルを重視するからです。

多くの先進国では企業は「募集している分野の仕事ができる人」を採用します。となれば、経験の少ない若者や、ましてや新卒はなかなか仕事にありつけません。

一方で、日本の新卒一括採用は、まだ社会経験のほとんどない新卒をまとめて採用し、仕事ができるようになるまで育ててくれます。

それによって、企業には一定のコストがかかるものの、すごく優秀な学生であっても、まとめて安く買い叩くことができるし、長く縛っておくこともできます。というのも、**一括採用された日本の若者は、諸外国の若者のように転職経験を積んでいないため、自分のスキルを客観的に判断できず、怖くて転職に踏み切れない**のです。

このように、企業側にも若者側にも、一定のメリットとデメリットがある一括採用ですが、だんだん廃止される傾向にあります。

加えて、日本の雇用制度の大きな特徴であった終身雇用は、すでに過去の話となっています。80ページでも述べたように、これからは、よりよい条件や職場環境を求めて転職していく積極性が必要になります。

ただし、転職市場においては、何よりスキルが問われます。

たとえば、同じ20代半ばでも規模の大きい会社に3年間、正規雇用で勤めていた人と、就職氷河期に当たったためずっとアルバイトをしてきた人だと、後者はかなり不利になります。

新卒一括採用がなくなれば、すべての若者が「スキル採用」の波に晒されます。しかも、会社に育ててもらいながらスキルを身につけることなどできないわけですから、ぼやぼやしていると一生浮き上がれない状況に陥りかねません。

「成功への抜け道」は目の前にある

アメリカで大ベストセラーになった書籍『サードドア』（東洋経済新報社）は、こうした状況に置かれた日本の若者たちに大きなヒントを与えてくれるでしょう。

著者のアレックス・バナヤンは、人生には三つのドアがあると指摘しています。

その一つは、多くの人が並ぶ正面入り口。二つ目がＶＩＰ専用。そして、三つ目が自分だけに見つけられる抜け道となるドアです。

もともと親が資産を持っているような人は、人生においてもVIP用の入り口を使って楽々生きることができます。そんな特権を与えられていない多くの庶民は、混み合う正面入り口に並ぶしかないと思っているわけですが、実はもう一つドアがあるのです。

そのドアの存在に気づき、かつ上手に抜け道に出られるかどうかが、これからの競争社会で成功するためのポイントとなります。

あなたが、勤めている会社を辞めて広告代理店を立ち上げたとしましょう。どこかの企業に「仕事をください」と正面入り口から押しかけても相手にされません。相手にされないからと、ここで諦めてしまえばそれまで。成功する人は、抜け道を探す努力をしているのです。たとえば、大手企業が多く入っているビルの近くにある飲み屋に通って、広報担当の社員と仲良くなる。たとえば、社長の講演会に行き、懇親会で直接自分を売り込む。特にコネがなくても、やり方はいろいろ考えられます。

僕自身も常にサードドアを探し続けています。普通の人が疑問を持たず選んでいる道を進みたくはない。どこかにきっと、もっと楽しかったり、もっとラクだったりする道があるはず。そう考えてきました。大学時代にプログラミングを学んで起業したのもまさに「サードドア」です。

サードドアを探し続けるために1つルールとしているのは、「やらない言い訳を探さない」ことです。時間がないからとか、恥ずかしいからとか、あれこれ言い訳を探さないで、やるべきことをただ、すっとやってみる。そうやって、「自分だけの道」を見つけてきたのです。

誰でもできるのに、誰もやらない

かつて、岩波書店が採用試験を受ける条件に、「岩波書店の著者の紹介状あるいは岩波書店社員の紹介があること」を挙げていたことが問題となりました。日頃から差別を糾弾しておきながら、自分たちは縁故採用しかしていないことを厳しく指摘されたのです。

出版社は有名なところでも規模は小さく、新規採用などあったとしてもほんの数名です。コストをかけて大々的に募集し、採用した数名が会社のカラーに合わないというリスクを避けるために、確実なところを狙いたかったのかもしれません。

ただ、本当に岩波書店に行きたいのなら、「岩波書店の著者や岩波書店の社員」と顔見知りではないからといって諦めてしまうことはありません。なぜなら、顔見知りになればいいのですから。

いろいろつてをたどり著者を紹介してもらってもいいし、岩波書店のビルの前に毎日立って社員と知り合いになることだってできるでしょう。そうやって、知り合いになってしまえば、ほかの人たちが諦めてしまって倍率が低くなっている分、かなり優位に立てます。

誰でもできる簡単なことなのに、やらない人がほとんどです。**ほとんどの人がやらないからこそ、やった人にとっては立派な抜け道となる。つまり、サードドアが開くのです。**僕の知人の成功者は、中卒をウリにしています。中卒だと言うと相手が食いついてくれるそうで、東大卒よりはるかに強い武器となっているようです。

このように、種類は違うけれど、誰にでも抜け道はあるのです。

たいていの成功者は、ＶＩＰ用から入ってきてはいません。みんなサードドアをこじ開けています。そして、それは特別に難しいことではありません。

防衛術 13

「サードドア」を探す

リスク
14
「就職ガチャ」に外れる

人材育成に関わる企業ラーニングエージェンシーが、学生たちを対象に行った調査では、将来会社で担いたい役割について、「専門性を極め、プロフェッショナルとしての道を進みたい」という答えが31・6％を占めています。

一方、「組織を率いるリーダーになり、マネジメントを行いたい」という答えは、過去最低の23・5％に留まりました。

今の学生たちは、マネジャーや部長などという地位や肩書きには興味がなく、自分の特性が生かせることを望んでいるのがわかります。

さらに、産労総合研究所が企業の採用担当者に行ったアンケートでは、そうした傾向を裏付ける結果が出ています。

配属（職種・勤務地）に関心がある学生の増減について問うたところ、「増加」が20％、「やや増加」が40％となっているのです。

たしかに、専門的なスキルを身につけるとなれば、就職した会社でどの部署に配属されるかは重要な問題です。そこで、内定をもらうやいなやOBやOGを訪ねてアピールするなど「配活」を行う学生も増えているそうです。

しかし、欧米で主流のジョブ型採用と違って、「総合職」として採用する日本の新卒一括採用では、配属は入社ギリギリに決まるのが普通。KDDIなど、特定のスキルを持つ学生を採用する企業も増えてはいるものの、それは高い専門性のある学生に限られます。

だから、多くの学生にとって、採用された企業でどこに配属されるかは不明。まったく希望と異なることも多々あり、まさに「配属ガチャ」となっています。

また、幸いにして希望する部署に配属されたとしても、上司との相性もあります。上司といい関係が構築できなければ、仕事を覚えてスキルを磨くどころではないかもしれません。

もちろん、どんな上司につくのかは選べません。だから、「上司ガチャ」も生じてしまいます。

実際に、**上司ガチャが原因で辞めてしまう優秀な若者は多く、それを危惧した企業は、前もって人事部が新人と上司の相性を見てから配属を決めるなどという手を打ち**

始めています。

新卒カードを無闇に捨てないこと

ただ、学生がどれほど「職種」についてわかっているかは疑問で、最初から自分の可能性を狭めてしまうことに僕は反対です。

学生たちが「自分が携わる可能性がある仕事」として把握しているのは、メディアやマスコミなど華やかな業界や、レジャーや金融、メーカーといった、これまでに接したことがあるB to C業界がほとんどです。

実は、B to Bで手堅く設けている優良企業がたくさんありますが、そうしたことについて学生は知りません。

僕は、貴重な新卒段階では職種にこだわるよりも、大企業に入っておくことをすすめます。大企業は給料が高いばかりでなく、新卒に対してコストをかけていろいろ教育してくれます。

その範囲は、社会人としての立ち居振る舞いなどにも及んでいて、案外こういうことが、その後の転職活動にも役に立つのです。

いくら専門性の高い業種でも、中小企業にはそうした余裕がありません。

大企業で、かつ若い社員が多いならなおいいですね。若い人が付加価値をつくり出している企業なら、長く潰れずに残る可能性があります。

社員の平均年収がほかと比べて高く、平均年齢が低めの会社なら、転職せずにずっと働き続ける価値があるかもしれません。

とはいえ、そもそも一発で満足できる職場に行き着こうと考えるほうが無理。とにかく世の中に出てみれば現実がいろいろわかってきますから、そこで実際に見たり感じたりしたことをもとに転職していけばいいでしょう。

ただし、ここで大事なことがあります。最初に入社した会社を、すぐに辞めないほうがいいのです。

日本において「新卒カード」は強く、中途採用の人と比べても有利な扱いを受けます。そうした状態に置かれている会社を「入ってすぐに辞めた」というのは、何かよからぬ理由があるのではないかと疑われかねません。

それに、「ここは最悪だな」と感じても、もっとひどいところはたくさんあります。比較対象を持たないうちに感情的になって飛び出さず、その場に身を置いたままましっかり社会を観察しましょう。
そして、次を決めてから辞めるようにしてください。

防衛術14

〃平均年齢が低い会社〃を選ぶ

リスク15

好きな仕事では生きられない

子どもたちに将来なりたい職業を問えば、「YouTuber」という答えが高確率で返ってきます。たしかに、現在のところカリスマYouTuberが結構いて、彼らは多くのお金を稼いでいます。

しかし、子どもたちが大人になった頃には、YouTuberは美味しい仕事ではなくなっているでしょう。なんといっても、ライバルが多すぎますから。あるいは、ネット動画は古いコンテンツに成り下がっているかもしれません。

YouTuberに限らず、そもそも「好きなことで生きていく」というのは簡単ではありません。たとえば、プロ野球選手になって大活躍するという夢を抱く少年は多いけれど、それを実現できるのはごく一握りです。

２０１６年のデータでは、小学生の野球少年は18万人ほどいる一方で、プロ野球の1軍登録選手は12球団合計で３４８人しかいません。単純計算で、約５００倍の競争率です。

しかも、1軍登録している選手だって、多くが期待されたほど活躍できずにいつのまにか引退しているのが現実です。

サッカーでも音楽でも演劇でも同様でしょうが、**「好きなことで生きていきたい」と思って頑張ってきた人の99・99％は、「それができなかった」敗者として生きていくことになる**のです。

見合い結婚のように仕事を選ぶ

こうしたことからも僕は、「好きなことを仕事にする」のには反対です。

これからの日本は、相変わらず景気は低迷し、ますます競争は厳しくなります。そんな状況にあって、好きなことで生きていこうとすれば、リスクの高い人生を送ることになるでしょう。

そもそも、「好きなこととは何か」と考えてみると、その時点で「自信があること」なのだと思います。しかし、その自信を維持するのは大変です。最初こそ、「これこそが天職だ」とばかり盛り上がれるかもしれませんが、そのモチベーションは長く続きません。

それは、言ってみれば恋愛結婚のようなものです。最初の点数が高かった恋愛結婚では、自分が勝手に抱いていた理想と違うところが見えてくるにつれ、だんだんと減点されていきます。

一方、好きでもない仕事に就くのはお見合い結婚。お見合いの場合、恋愛のような盛り上がりこそないけれど、一緒に家庭をつくり上げるという共通目的に向かっているうちに相手のいいところがわかってきて、50点だった評価が60点、70点と上がっていきます。

だから、恋愛結婚よりもお見合い結婚のほうが離婚率は低いのです。

結婚も仕事も、どこかで割り切りが必要ですが、好きなことを仕事にしてしまうと割り切るのはつらい。**嫌なこともしなければならないのが仕事ですから、それが好き**

な分野であればあるほど、つらさは増します。

「苦じゃない仕事」ぐらいがちょうどいい

好きなことは、せいぜい副業程度に留めるのがいいでしょう。
もちろん、「絶対にやりたくないこと」を仕事にする必要なんてありません。ただ、「やりたい仕事」よりも「苦じゃない仕事」を選ぶくらいで、ちょうどいいと僕は思っています。

たとえば、**プログラマーの場合、すごくやる気がある人よりも、仕方ないから渋々やっているような人のほうがいい成績を残す傾向にあります。**

彼らは、ゼロからすばらしいものを開発しようなどとは考えず、すでにあるものを真似しながら、新しく形にすればいいくらいの姿勢でいます。そのため、実際の結果につながりやすいのです。

本人は渋々やっていて、「自分にはプログラマーは向かない」と思っているわけですが、周囲から見ると向いている。そして、長期的には自分でも「これでよかったんだ」と気づいたりするのです。

また、営業でもこういうことはよくあります。

「営業はできない」と考えていた学生が、配属された先で嫌々ながらもやっているうちに売上が立ち、褒められると「実は自分は営業に向いていたのだ」と発見するという具合です。

僕自身も、プログラミングは「苦じゃない仕事」くらいのイメージです。プログラミングはある種謎解き的な要素があり、パズル好きの僕としては、楽しく感じる瞬間もよくあります。

ただ、ずっとプログラミングをしていたいというほどではなく、あくまで仕事としてやっている感覚です。なので、最近は時間やコストに見合えば、プログラマーを雇ってしまうこともあります。

僕にとってのプログラマーのように、**やるのは嫌いじゃないけれど、そこまで熱中するほどではない。それくらいの仕事を選ぶことをおすすめします。**

このように、どんな仕事でもやってみると得意に変わることがあります。10年後に、本当に向いていることがわかったりもします。

それまで培ったスキルがそのときに役立つわけですから、どんな仕事でも投げ出さないほうがいいのです。

そう思って、どんな仕事でも楽しめる能力を磨きましょう。それさえあれば、自分をしっかり守りつつ、成果を出していくことができるようになります。

防衛術15　どんな仕事も楽しめる能力を磨く

第3章

生活

「大切な人」と
幸せに生きるために

なぜ、こんなにも「生きづらい」のか？

リスク16 低下し続ける「幸福度」

２０１２年から毎年公表されている「世界幸福度ランキング」。ニュースで取り上げられることも多く、日本でも広く知られるようになってきました。

このランキングは「持続可能開発ソリューションネットワーク」という国連が設立した非営利団体が、聞き取り調査を行ったうえで決定します。

具体的には、「一人当たりの国内総生産」「社会的支援」「健康寿命」「社会的自由度」「寛容さ」「汚職のなさ・頻度」「人生評価・主観満足度」という7項目について聞き取り回答を数値化し、過去3年分を積算した平均値で順位が決められます。

残念なことに、日本はいつも下位をさまよっています。たとえば、2022年は54位。先進国の中では堂々の最下位です。

日本の場合、「一人当たりの国内総生産」と「健康寿命」は高い数値なのですが、「汚職のなさ・頻度」「社会的支援」が低め。そして、「社会的自由度」「寛容さ」「人生評価・主観満足度」がかなり低くなっています。とくに、「人生評価・主観満足度」は群を抜いて低いのです。

この結果を見れば、**日本人は経済面や健康面では恵まれているものの、社会の温かさや国に対する信頼を感じられず、一人ひとりの満足度が著しく低い**ことがわかります。つまり、なんだか幸せじゃないのですね。

こうした構造は、なかなか変わるものではありません。加えて、これからは経済的にも余裕がなくなっていくので、幸福度の上昇は望めそうもありません。

自分のためでないところにある幸せ

日本における低評価の項目をもう少し詳しく見てみると、「社会的自由度」は「働く環境の自由」と「言論や報道の自由」という二つの要素から成ります。

働く環境については、長期休暇を満喫できる欧米との落差一つとっても、日本が劣っているのは明らかです。通勤の満員電車も、海外の人から見れば信じがたいほど過酷です。

言論や報道のあり方については、国境なき記者団による「報道の自由度ランキング」で180国中71位（2022年）という結果が、すべてを示していると言えるでしょう。

そして、こうした事態について個人ができることはほぼありません。

一方で、「寛容さ」と「人生評価・主観満足度」については、僕たちの姿勢一つで変えていくことが可能です。

社会の寛容度を示す大きな指標として、ボランティアの参加率があるでしょう。

実は、日本人は他国人と比較してボランティア活動が極端に少ないことがわかっています。そして、ボランティアへの参加度合いは、幸福度と正比例することがいくつかの調査でわかっています。

つまり、これまで日本人が消極的だったボランティアへ参加していくことで、幸せな気持ちを生むことができ、それによって「寛容さ」と「人生評価・主観満足度」の二つの要素を改善していけるわけです。

かつて僕は、人々の意識調査をするために、ネットでこんな質問をしたことがあります。

「あなたが500円をもらえるか、通りすがりの人に5000円を手渡せるとしたら、どちらを選びますか?」

このときの500円も5000円もどこかから調達されたものであって、あなたの懐は痛みません。

当然、500円貰ったほうが得はできます。しかし、500円ではファストフード店でハンバーガーを食べるくらいがせいぜいでしょう。それで幸せになれるのは、お腹が満たされた数時間です。

一方で、5000円あれば、それなりのことができます。ちょっといい食事もできるし、映画を観ることも、新しい服を買うこともできます。それによって、誰かが大きな満足を得る様子を見ることができます。それは、自分が500円をもらうより、ずっと大きな幸せをあなたに与えてくれるはずです。

実は、この調査結果では、自分が500円をもらうと答えた人と、通りすがりの人に5000円を手渡すと答えた人の割合は、ほぼ半々でした。

さらに、ある調査では、もらったボーナスの中からいくらかをチャリティーや寄付に使った人のほうが、全額自分のために使った人よりも幸福度が高いという結果が出たそうです。

このように、**人間は本質的に、「他人が幸せに感じることを求める」という一面を持っており、他人に感謝されたり喜ぶ顔を見たりすることで本人も幸せになる**のです。

だから、ちょっとのことでいいから、人のためにお金を使ってみたり、ボランティア活動に参加してみることが、これからの日本人には必要なのだろうと思います。

「とっととやめる」幸せ

もう一つ、「やること」よりも「やらないこと」に着目していくのも大事です。

多くの人が、年頭などに「今年は○○するぞ」といった目標を立てますね。英語の勉強だったり、ジョギングだったり、ダイエットだったり内容はそれぞれでも、「やるのだ」と心に決めます。

ところが、その多くは早々に三日坊主で終わります。そして、こうした三日坊主はダメなことだと多くの人が思っていて、すでに意欲を失っているにもかかわらず「やらなきゃ、やらなきゃ」と頑張ろうとします。

でも、それは不幸なことだと思いませんか？

誰かから頼まれたわけでもなく、なんの義務もないのに、やりたくないことを無理してやっているのですから。

そんなことはとっととやめて、その貴重な時間をほかの楽しいことに費やしたほうがはるかにいいでしょう。

軽い気持ちでなんでもトライしてみて、嫌だったらとっととやめる。こうした**三日坊主の繰り返しは、「自分に向いていないことをどんどん潰していく」という意味もあり、少しも悪いことではありません。**

日本人特有の「〇〇すべき」という発想から自由になって、幸せの総量を増やす生き方を心がけましょう。

防衛術16 「幸せの総量」を増やす選択をする

リスク17

うつ病発症リスクの増加

今、世界中でうつ病が増えており、日本では6％の人が一生に一度はうつ病に罹患するると言われています。これまでうつ病は、「気分が落ち込む病気」というあやふやな捉えられ方をすることが多く、患者に対して「甘えている」「根性が足りない」などと批判する無理解が横行していました。

しかし、今はうつ病は双極性障害（躁うつ病）と並ぶ気分障害で、脳になんらかの変化が起きていることが原因だとわかっています。

うつ病に罹《かか》ると、抑うつ状態、興味や喜びの消失など精神症状に留まらず、全身の細胞を老化させ、心疾患や認知症になるリスクも高まります。さらに自殺にもつながってしまうことを考えると、**うつ病は生命に関わる重大な病気なのです。**

その発症には、ストレスが大きく影響しており、脳の海馬などがストレスを受けることでうまく働かなくなるのではないかなどとも言われています。

また、東京理科大学薬学部が行った動物実験では、いじめを受けたマウスはもちろんのこと、いじめを目撃しただけのマウスまで引きこもりのうつ状態になることが判明したそうです。

自分が直接の被害に遭うことはなくても、会社などで誰からつらい状況に置かれているようなケースでは、脳がストレスを受けて、あなたもうつ病になるリスクがあるということです。

また、新型コロナ感染症の後遺症としてのうつにも注目が集まっています。コロナの症状自体は回復したのに、気分の落ち込みや無気力感などの不調に悩まされる**「コロナ後うつ」が増えている**そうです。

「ブリティッシュ・メディカル・ジャーナル」「ランセット」など、信頼のおける医学誌に、アメリカやヨーロッパでの調査結果が公表されており、そこでは、コロナ回復後に長期にわたって無気力感や不安感に襲われる確率が高いことを示しています。

もっとも、コロナに限らず、インフルエンザやヘルペスなど、さまざまな感染症がうつの発症率を上げることもわかっています。炎症性の変化といった生物学的な要因が、うつを引き起こしやすくなるそうです。

おそらく、コロナウイルスは、さまざまに変異を繰り返しながら人類と長く共存することになるでしょう。加えて、新しい感染症も次々と生まれるでしょう。つまりは、感染症を原因とするうつ病は、増えることはあっても減ることはない。

さらには、**経済が不安定な日本では、社会的ストレスがますます強くなっていくと考えられることからも、僕たちのうつ病発症リスクは、高まるばかり**と言えそうです。

折れる前に自分を楽にしよう

こうした状況にあって、僕たちは「自分だって、いつうつ病になってもおかしくない」という危機感を持ち、もっとラクに生きることが必要です。

今、ミツバチの絶対数が減っていることが問題になっていますが、そこには、ミツバチが働き過ぎで過労死しているという側面があるそうです。

養蜂業者は、お金を儲けるために、自分のミツバチをほかの農家に貸し出します。するとミツバチは、貸し出された環境下でも、そこにある蜜を必死で集めようとします。その結果、休むことなく働いて力尽きてしまうのです。

人間も同じです。副業だなんだと、空き時間があれば働こうとする人がいますが、それによって体は悲鳴を上げているかもしれません。

お金なんて、ある程度の生活が送れるだけあれば十分です。「もっと上を、もっと上を」と考えないことです。

そして、睡眠はしっかり取りましょう。睡眠不足はあらゆる病気の原因となりますが、とくにうつ病に悪影響を及ぼすことがわかっています。

とはいえ、「眠りたいんだけど、ストレスがあってよく眠れない」という人もいるでしょう。そうした人たちに向けて、ある専門家は「連想睡眠法（認知シャッフル睡眠法）」をすすめています。**論理的に何かを考えてしまうと眠れないので、ランダムな思考をシャッフルすることで眠りやすくする**というものです。

寝床に入ったら、たとえば「すいみん」のそれぞれの文字から、「す＝スイカ、スペイン、すみれ……」「い＝いくら、椅子、芋虫……」といったように脈略のない単語をどんどん連想していって、そのイメージも頭に浮かべます。すると、そのうちに眠くなっていく、という方法です。

このとき、仕事とは関係のない単語を思い浮かべるのがポイントです。

それでも眠れないというなら、病院で睡眠薬をもらってでもぐっすり寝たほうがいいと僕は思います。

外で日差しを浴びることも大事です。日光を浴びることで生成されるビタミンDが不足すると、脳内安定物質であるセロトニンが分泌しにくくなります。北欧など日照時間が短い国にうつ病が多いのも、これが原因だとも言われています。

頑張らないことが大事

気をつけて暮らしてはいたものの、「ちょっとうつっぽいかも」と感じたらどうすればいいでしょうか。このとき、絶対にやってはいけないのは「頑張ること」です。具合が悪いのに頑張ってしまう理由の一つが金銭面です。しかし、「お金のために頑張らなくては」と思っても、うつ病をひどくすれば結局、稼げる時間は減ってしまいます。

なんだかおかしいなと感じたら病院で診断を仰ぎ、うつ病であったら診断書を書いてもらって会社を休みましょう。休職しても、半年間くらいは給料の6割ほどが受け取れるはずです。

万が一、社会復帰できなくても、生活保護もあります。だから、先のことを心配しないでうつ病を治療することに専念しましょう。

なお、**うつ病の人に「大丈夫だよ」「頑張ろう」などと素人判断で声をかけるのは禁物です。**それによって、余計に追い込まれて自殺してしまうケースも多いのです。その人のためにも、自分自身のためにも、より慎重でいることをすすめます。

また、**うつ病はなかなか自覚しづらい病気なので、周りの人にモニタリングしてもらうのもいい**でしょう。お互いに相手の様子を気にかけ、「元気がなさそうに見える」「落ち着きがなくイライラしている」といった状態が続いているようなら、一度病院にかかることをすすめる。そうした関係をつくっておけば、病状が悪化する前に早めに対処できるようになります。

防衛術17　他人にモニタリングしてもらう

リスク18　「相対的貧困家庭」に陥る

一億総中流などと言われた時代はすでに過去のものとなり、日本でも貧富の差が広がっています。そうした中で注目されているのが、「相対的貧困」という概念です。

ＯＥＣＤ（経済協力開発機構）は、「世帯の所得がその国の等価可処分所得の中央値の半分に満たない人々の割合」を相対的貧困率と定義しています。

わかりやすく言うと、相対的貧困とは「大多数よりも貧しい状態」と考えていいでしょう。

２０２１年のＯＥＣＤ調査では、日本は38カ国中7番目に相対的貧困率が高く、G7参加国の中で一番高くなっています。つまり、日本はかなり貧富の差が大きい国だということです。

「２０１８年国民生活基礎調査」をもとに厚生労働省が示しているところによれば、日本の相対的貧困の基準は「世帯収入１２７万円」というラインです。そして、相対的貧困率は15・7％となっています。約２０００万人、日本の人口の６人に１人があてはまるのです。

とくに**母子家庭で顕著で、母子家庭の半分以上が相対的貧困状態となっています。**

もともと日本では男女の賃金格差が大きく、かつ非正規雇用の女性は大変に不利な状況に置かれています。

コロナ禍でも「自助」を求める国

コロナ禍では、経済活動が抑制されたことで非正規雇用労働者の解雇が相次ぎ、母子家庭に限らず困窮リスクが高まりました。

そうしたさなか、自民党総裁選挙に勝利した菅義偉《すがよしひで》氏は、首相大臣の就任記者会見で「自助、共助、公助そして絆」と述べました。特別な事態で困っている国民が、最も公助を必要としているときですら、政府は「自分たちでなんとかしろ」と言っていたのです。

次の岸田政権も、その路線を踏襲しています。岸田首相は、最初こそ独自の路線を歩むかと思われましたが、今は投資を推奨し「自分の生活資金は自分で調達せよ」ということを暗に言っています。

政府の姿勢に同調するわけではないけれど、**国民が自分たちを守るには、本当に自助・共助が必要なんだと僕は思います。**残念ながら、そうするしかない状況です。

貧困に陥っている人は、NPOなどさまざまな団体に頼ってほしいし、共助の手を差し伸べられる人は、小さなことでも始めてほしい。

僕個人は、児童養護施設へのパソコン寄付プロジェクトを展開しています。その発端は、政府の「GIGAスクール構想」で、税金を使って配られたのがパソコンではなくタブレットだったことにあります。

タブレットでは、誰かがつくったアプリにお金を支払って使う消費者しか育ちません。パソコンでプログラムを書いたり、音楽や動画をつくる生産者になることで、貧困から脱却する道が見つかります。だから、僕はパソコンにこだわっているのです。

とはいえ、いきなりプログラムを組めるはずはありません。まずは「面白い」から入ってもらうことが重要なので、ゲームもできるようなスペックのものを選んで送っています。

迷惑をかけよう

NPO法人「抱樸《ほうぼく》」の理事長を務める奥田知志《ともし》さんは、「関わり合いを増やす支援」を提唱しています。

1988年に北九州で生まれた抱樸は、最初はホームレスの生活支援を行っていましたが、今は、高齢者や障害者など経済的に困窮している人たちへの炊き出しや自立支援にも大きな力を入れています。さらには、受刑者の刑務所出所後の更生支援など、幅広く活動しています。

そこでのスローガンは「あんたもわしもおんなじいのち」。抱樸は、支援される側とする側という枠を取り払った互助会となっています。

奥田さんも相対的貧困問題に携わっていますが、大事なことは「助けて」と言い合える社会だと述べています。

かっこ悪いとか、迷惑をかけるのではないかと心配して頑張っていても、貧困はなくならない。**みんな弱くて他者に頼らなければ生きていけない部分があるのだから、困ったときには「助けて」と言えばいい**のだと。

政府に助けてと言っても助けてくれずに「自分でなんとかして」と突き放されるわけですが、民間にはそうではない人たちがいます。だから、困ったときにはそうしたところに頼りましょう。

防衛術18

困ったときには「助けて」と言おう

「情報洪水社会」の心得

リスク
19

「偽情報」だらけのSNS

もはやインターネットはインフラの一つとなり、以前にも増して情報の流通量は増えました。２０００〜２０２０年の20年間で、情報量は６０００倍以上にもなったという調査結果もあります。

たとえば、企業が新しい商品を売り出したとして、以前であれば消費者がそれを知るのは、テレビや雑誌などの宣伝や、実際に店頭で見るというのがほとんどでした。

ところが今や、ネット上にはそれを一度使っただけの人の体験談や、使ったこともない人が勝手なイメージで発信したことなど、信憑《しんぴょう》性が怪しい情報が溢《あふ》れています。

そのなかに、本来、最も重要であるはずの情報も埋もれてしまっています。

FAプロダクツの調査によれば、B to Bの大企業であっても、ターゲットユーザーに対する主力製品の認知度は40〜50％、それ以外の商品では10〜20％しかないということなので、情報氾濫社会は企業にとっても利益ばかりでなくリスクが大きいと言えるでしょう。

もちろん、個人も同様です。**多くの情報の中から選べるという意味ではいい時代ですが、選ぶ能力がないといとも簡単に偽情報をつかまされてしまいます。**

そして、そうした情報は、求めなくてもあちこちから送られてきます。無警戒でいると、簡単に騙《だま》されてしまう時代なのです。

SNSの情報に価値なし

今は、ネットの中でもSNSで情報を集める人が増えています。遊びに行く場所でさえ、自分で考えるより、誰かが映えるスポットやおいしい店を紹介していれば、そこに行ってみるという具合です。

しかし、僕自身はSNSで情報を集めるということはありません。なぜなら、一般の人が投稿している情報は基本的に信用できないものがほとんどだからです。

情報には、ニュースのように「すぐに手にするべき新しいもの」と、「長いレンジで自分の中に持っておくべきもの」があります。

前者について、たとえば「〇〇の地震で死者1000人だって！」などと、SNSでそうした情報に出会うことはあります。でも、そのまま鵜呑《うの》みにせず、ちゃんとニュースサイトで確認するべきです。

ネット、とくにSNSには、たくさんの情報は流れているけれど、一つひとつの質は高くありません。なぜなら、そこにはお金も労力もかかっていないからです。誰かが見聞きしたらしいことを拡散するのは、実に簡単です。

一方、自分（自社）でお金と労力をかけた情報は、流す側も慎重になるから、比較的、信用に値することが多いのです。

たとえば、テレビならNHKの特番などが挙げられます。「NHKスペシャル」1本の制作費は4000〜5000万円とも言われており、そこにはネットの文字とは比べものにならない信用できる情報が詰まっています。

テレビを見るときには、その番組をつくるのに「どれくらいお金がかかっている

か」を一つの目安にしてもいいでしょう。

長いレンジで自分の中に持っておきたい情報については、僕の場合、本で得ることが多くなります。

僕は、「読むべき本」を五つの評価基準で決めています。

1　今後10年以上も影響を与える技術や文化に関する話
2　結論に至る経緯と理由に筋が通っていること
3　資料から組み立てられていて、個人の感想を書いているわけではないもの
4　一般的な常識とは違う結論や発見があること
5　読んでいて面白い

この五つを満たす本の一例を挙げると、**『銃・病原菌・鉄』（ジャレド・ダイアモンド／草思社）、『コンテナ物語』（マルク・レビンソン／日経BP）、『生命、エネルギー、進化』（ニック・レーン／みすず書房）**などでしょうか。

どれも、長いレンジで見たときに知識が古くならないものばかりです。

実は僕は、**自分の頭で考えるよりは、頭のいい人上位1％が考えたものを、そのまま受け止めて使ったほうがうまくいく**と思っています。だから、頭のいい人が書いた

本はよく読みます。それを、自分の考えであるかと勘違いするくらいに咀嚼《そしゃく》してしまうことが重要なのです。

99%の人たちが無責任に流しているSNS情報はスルーして、頭のいい人が発信していることを取り込みましょう。

防衛術19

「重要な本」以外はエンタメとして消費

リスク20

専門家よりインフルエンサーが重宝される

SNSが発達し、そこから情報を得る人が増えていることについて、経済学者の成田悠輔さんは、自身が共同執筆した論文を載せたうえで、皮肉を込めてこうツイートしています。

「しょうもない雑談を垂れ流すと数十万人が見てくれる。ちゃんとした論文を出版すると数十人が見てくれる」

こうした現象は、ＳＮＳに限ったことではありません。**日本では、きちんとした論文をあまり書いていないような自称「学者」が、テレビのコメンテーターとしてよく知らないことについて発言しています。**

アメリカなどと比べ日本は、一般人がそれなりに知識欲を持っています。言ってみれば、「素人インテリ」が多い国です。素人インテリは、あまり難しいことは嫌だけど、そこそこわかった気になりたいわけです。本当にその専門を極めているような学者をスタジオに呼んでしまうと、話が難しくなって、視聴者もテレビの制作サイドも理解できない。そこで重宝されるのが、自称「学者」のコメンテーターなのでしょう。

インフルエンサーは半端ばかり

ＳＮＳのインフルエンサーも同じです。中途半端に知識があるインフルエンサーが「これが真実です」「正解はこっちです」と言うと、それを疑いもなく信じてしまう素人インテリが多いのです。

真実を追究し続けている本物の研究者はとても大変で、一生かけて研究した内容が間違っていることもあります。しかし、インフルエンサーはそうしたリスクは何も背負わずに話しているだけです。もちろん僕もその一人です。

たとえば、m（メッセンジャー）RNAワクチン開発の基礎をつくったカタリン・カリコ博士は、それまでに失敗も含め大変な努力をしてきて、今回のコロナワクチンで何十億という人の命を救いました。

しかしながら、カリコ博士のことは知ろうともせず、「コロナワクチンを打つと子どもができなくなる」などという無責任なインフルエンサーの発言を簡単に信じてしまう人が多いのです。

そういう人たちがインフルエンサーを評価するポイントは、ひとえにフォロワー数です。「こんなにフォロワー数が多いんだから、この人は信用できる」と根拠なく判断してしまいます。

その**インフルエンサーは、フォロワー数を増やすために、話を面白おかしく粉飾しているのかもしれない**ということを考えもせずに。

SNSは信じないこと

SNSは、誰でも投稿できます。書いている人の99％は、その専門家ではない素人です。その真偽なども確かめず、自分が書きたいことだけを書いている人も多くいます。

そのため、SNSに集まっている情報は間違っている確率が高くなります。

それを信じるというのは、とてもリスクが高いのですが、なぜか多くの人は「Twitter」やインスタグラムなどで最新の情報を集めようとします。それをまた拡散する人がいるので、さらにSNSには間違った情報が溢れていくという負のスパイラルが生じます。

もちろん、流行やトレンドについて知りたいときは、多くの人が群がっているSNSを活用したらいいでしょう。しかし、**専門的な分野や、新型コロナに関することのようにまだ未知の部分が多い分野については、「SNS上の情報は信用できない」と考えたほうがいい**でしょう。

たとえ、専門家が書いているとしても、SNSで発信しているという時点で僕は半分疑うようにしています。その専門家にしても、論文を書くときほどの厳密さを持って発信しているわけではないからです。そのときの考えを述べているにすぎず、間違っている可能性が十分にあります。

ＳＮＳに掲載されている情報はその程度のもの。そこで真実を見つけようなどと考えて調べ物をするのは、ハイリスク・ローリターンです。

ソースを当たるコツ

ネットで調べ物をするときに大事なのは、「どこの誰が発信しているのか」という、ソースの信頼性です。よくわからない個人がつくっているサイトなら、「怪しいな」と考えることが必須です。

一方で、官公庁や、大学といった教育機関、出版社などのサイトであれば、信頼性は高くなります。ちなみに、ドメインが「ac.jp」ならば学校法人のサイトだとわかります。こうしたことも一つの判断材料です。

さらに僕の場合、特定の媒体に偏らないよう注意しています。

たとえば、「ニューヨーク・タイムズ」「ＣＮＮ」など、メディアごとのアプリは使いません。というのも、そのアプリばかり見る習慣がつくと、知らないうちに触れる情報が偏る危険性があるからです。

それよりも、**テーマごとに、ブラウザでいろいろなメディアを見ていき、総合的に**

判断するようにしています。

メディアによって物事の捉え方はまったく違いますし、同じメディアでも状況によって報道スタンスが変わることもあります。

たとえばアメリカ大統領選についての報道だと、CNNは民主党寄り、FOXは共和党寄りになります。ところが、2020年の大統領選では、トランプ推しのFOXがトランプ発言の間違いを指摘している場面がありました。

それを見て僕は「さすがに今回は共和党支持のアメリカ人もトランプの発言に批判的なのだな」と理解したのです。

反対側から眺めてみよう

このように、アメリカの大手メディアですら、偏りのある報道をします。ましてや、個人が発信する情報であれば、さらにその色は濃くなります。

加えて、情報を集めている側、つまりあなた自身が、やはり自分が望んでいるような結果を欲しがっているのです。そういうことを自覚したうえで、**自分が知りたいことについて、反対の方向からも情報を拾うことはとても重要です。**

というのも、自分が信じたい情報だけを一生懸命にかき集めている人は、いわゆる陰謀論にはまりやすいからです。

トランプ支持者の中にも陰謀論に翻弄されている人が多く、日本でも「選挙でインチキが行われた」「本当はトランプが勝っていた」と盛んに訴えている人がいました。

おそらく、こういう人たちはある意味真面目なのだと思います。それゆえに「世の中はこうあるべきだ」という自分の理想を追求し、それに都合のいい情報だけを一生懸命に集めてしまうのでしょう。

真面目ではない僕のような人間は、よくわからないことについてはわからないままにしておきます。どんなことにも、簡単に答えを得ようとせず、信頼のおける情報ソースにいろいろな角度からアプローチして、総合的に判断していきましょう。

防衛術20 テーマごとに「複数のメディア」を見る

リスク21

知らないうちに個人情報流出

ネット時代、個人情報をいかに守るかというのは極めて重要な課題です。しかし、実行するのが相当に難しい課題でもあります。

そもそも、ネットで個人情報が漏洩する原因は大きく二つあります。

一つは、行政や企業など管理する側のミスによって、大量の個人情報が流出してしまうというもの。

記憶に新しいところでは、新型コロナ対策の一環としての臨時特別給付金事務を委託されていた業者の男性社員が、酔っ払ってUSBメモリーが入った鞄を帰宅時に紛失したという事件がありました。

なぜ、そんな重要データを個人が持ち出せるのかといった疑問もありますが、僕が驚いたのがその後に行った自治体の会見です。

そこでは、**メモリーを開くには英数13桁のパスワードが必要だから、情報が漏れる心配は少ないというエクスキューズがなされました。**桁数が明らかになれば、パスワードの絞り込みがしやすくなるというのは小学生でもわかる話です。そんなことを明らかにしてしまう担当者の発言に、僕は愕然《がくぜん》としました。

政府は、サイバーセキュリティの専門家を探す前に、最低限の知識すらない人を排除する仕組みを設けるべきでしょう。

企業もあてにならない

あるマッチングアプリで、免許証写真画像なども含めた個人情報を171万件も流出させたこともありました。

このときの対応もひどいもので、企業が取った対策は、結局のところ以下のようなものでした。

1　問い合わせフォームをなくす
2　サイト上の会社役員の写真は全部削除
3　全員分の身分証明書データをいまだ保管
4　退会しても身分証明書データを10年保管

つまり、会社としては何も責任を取らずに自分たちは隠れてしまい、顧客からの問い合わせにも応じず逃げておきながら、顧客データだけはしっかり持ち続けようとしたというわけです（この対応が非難されたこともあり、現在は再発防止策の発表やデータ保管ルールの見直しを行っています）。

そもそも、こうした企業では、個人情報の取得は何よりも大事な業務です。スマホ向けのソーシャルゲームが個人情報を広範囲に取得しているとツイッターで指摘された件では、運営会社はプライベートポリシーを改正し、収集する情報について変更を加えたものの、変更されるまでは多くの個人情報が収集されていたことは明らかです。

しかし、**自分の個人情報は知らないうちに抜かれている**のだという前提に立たないと、ネット時代には極めて生きづらいのではないかと僕は思います。

マイナンバーカードを推進する日本政府の方針に対して、盛んに「国が個人を監視しようとしている」などと煽《あお》る人がいます。でも、僕はそういう人たちに聞きたい。

「あなたは、グーグルもラインも使っていないのですか」と。

グーグルマップやGメールなどを使用していれば、その個人情報はグーグル社がしっかりグリップしています。そして、その情報は、アメリカ政府が見ることができるのです。つまり、**グーグル社のサービスを使っている僕たちの個人情報は、アメリカ**

政府に筒抜けということです。

ラインの場合、業務委託先である中国の関連企業がアクセスできるようになっていたことも発覚しましたから、中国政府にも筒抜けだと言えます。

そうしたことに問題意識を持たず、「自国の政府に個人情報を渡すのは怖い」とは、どういうことなのでしょう。

覚悟しておかねばならないのは、デジタル化の利点と個人情報流出のリスクは隣り合わせだということです。デジタル化が進めば進むほどリスクも高まります。

しかし、僕たちは進化する社会で生きているわけですから、危険を煽っているだけではなくて、できる限りの防衛をしていく必要はあるでしょう。

ネットで買い物をするのでも、単純に「こっちのほうが安いから」と飛びつくのではなく、そのサイトの信用性を見抜いてから行動するというような慎重さを持つ。サイトに小さな字で書かれた約款をすべて読むのが難しかったとしても、**「個人情報取り扱い」の欄くらいは確認する**ようにしましょう。

防衛術21 「個人情報取り扱い」欄だけはチェック

高齢者大国ニッポンの未来

リスク22 「医療崩壊」が現実に

コロナ禍で、僕たちは何度も「医療崩壊」という言葉を耳にしました。実際に、コロナ患者を受け入れている病院では、脳出血など救急の患者さんを受け入れることができなかったり、がん手術の日程を遅らせるといった事態に陥っていましたから、まさに医療崩壊寸前だったわけです。

日本のような医療制度が整った国で、いきなり医療者が足りなくなるなどということが起き、ショックを受けた人は多いはずです。

しかし、**日本では、これからもたびたび医療崩壊というリスクが僕たちを襲うよう**

になるでしょう。

その理由として、次の三つが挙げられます。

今後も未知のウイルスが現れるであろうこと。

日本では高齢化が進み、医療を必要とする人口が増えること。

そして、最も問題なのは、必要とされる数の医療者が確保できないことです。

実際に、医療機関で日常的に「看護師募集」という張り紙があるのを見たことがある人は多いでしょう。

資格を持っている人はそれなりにいても、看護師は不足している。その理由について、僕は給料が安すぎるからだと思っています。コロナ禍の大阪で、月給50万円にしても人が足りなかったという話があるので、いずれは年収1000万円くらいにしないと人材が確保できないかもしれません。

また、不規則な勤務が多いなか、献身的に働いている看護師に対して、患者側も「それが当然だ」というような接し方をしていることも大問題です。コロナ病棟で働く医療従事者がバスに乗っていたら「うつるから乗るな」と発言するような市民も、看護師不足の原因をつくっていると言えるでしょう。

医学部を出ても医者にならない人たち

一方、医者はどうでしょうか。医学部を目指している人は多いのに、実際に医者が増えないのはどういう理由があるのでしょう。

まず、医療の現場でそういう状態がつくられていることがあるでしょう。

今、医者として働いている人たちは、自分の稼ぎを守りたい。でも、ライバルである医者が増えてしまうと、既得権益が守れない。そういうことがあって、日本医師会のような組織が、医者の数を抑制するように動いているようです。

となると、大学病院の研修医などはものすごく忙しくなります。忙しさに参ってしまって脱落する人もいるでしょう。

２０１８年、医学部の入試で女性受験生を不利に扱う不正が行われていたことが判明しました。人手不足で、ものすごく忙しい現場では、一番喜ばれるのが独身男性で、次いで専業主婦の妻に家庭のことを任せていられる既婚男性ということになるそうです。だから、いつまでたっても優秀な女性医師が多く活躍する状況がつくり出せないわけです。

もう一つ、医学部に行ったのに医者にならない学生も増えています。

医学部には偏差値の高い成績優秀者が集中します。ある男性は、最初から医者になる気はないけれど、東大医学部（理科三類）に進学しました。彼の考えは「日本中で一番レベルの高い学部に行きたかった」というもので、その頭脳は医療現場ではなく、まったく違った仕事に生かされることとなりました。

そもそも、医者になるのに、それほど高い偏差値は必要なのでしょうか。医療の現場に出てみれば、とっさの判断とか、手先の器用さとか、患者さんとのコミュニケーション能力なども問われるはずです。**今のような入試体系が続く限り、歪《ゆが》んだ形での医者不足が解消されない気がします。**

患者としてできること

いずれにしても、僕たち患者側としては、崩壊しそうな医療現場においても適切な治療を受けられるよう自己防衛を図らねばなりません。そのときに大事なのは、理性的に医療関係者と付き合っていくことでしょう。

たとえば、乳がんに罹ったときには、がん組織を取り除く治療と、乳房を再建する治療を受けることが多いでしょう。

このとき、がんを取り除くのは乳腺外科医で、乳房を再建するのは形成外科医であることがほとんどです。

乳腺外科医としては、がんをきれいに取って患者の命を救うのが第一義ですから、乳房再建手術をどうするかについては、「あなたの美意識の問題ですよ」などと説明するに終わるでしょう。

あるいは、再発率についてや、抗がん剤の効き目なども、事実を淡々と伝え、あとは患者さんの人生観に任せるしかないわけです。

それに対して、**「患者に寄り添っていない」などと感情的にならず、理性を持って判断していくことが大事**です。

僕が考える優秀な医者とは、淡々と事実を言ってくれる人。そのうえで、自分の専門分野でベストを尽くしてくれる人です。

そして、そういう医者に出会うには、普段から信頼できるかかりつけ医を持っておくことが重要。大きな病院での手術が必要な病気になったとしても、まずはかかりつけ医にかかり、紹介状を書いてもらうことで、適切な治療を受けられます。

僕たちは、いつ、どんな病気に罹るかわからないので、どんな分野でもいい医者を紹介してくれるかかりつけ医の存在が必須です。

加えて、僕なら自分より若いかかりつけ医を見つけます。言うまでもなく、その医者には、僕より長生きしてもらわないと困るからです。

防衛術22 若いかかりつけ医を持っておく

リスク23 数十年にわたる介護生活

あるネット番組の企画で、親の介護に疲れ果てたという女性の話を聞いたことがあります。その女性はシングルマザーで、もともと自分と子どもの生活を支えるだけで精一杯のところへ、父親が要介護４の状態になり、その介護をしていた母親が認知症を発症したというのです。

そんな両親の介護を５〜６年も続けてから、父親を特別養護老人ホーム（特養）に入れたものの、父親は抵抗を示したそう。その過程で女性は「親を捨ててしまいたい」とまで思い詰めることとなりました。最悪なことには、介護のために勤めていた会社も辞めてフリーになったので、収入も激減。まさに、心身共にボロボロという状況です。

こうしたことは、今後、誰にでも起き得ます。

僕の父親も少し前に突然倒れたことがありました。診断は軽い脳卒中で命に別状はなかったのですが、高齢なので今後介護が必要になる可能性も十分あります。

少子高齢化社会では、ひとりっ子家庭が多く、親は長生きします。**長生きするのはいいことだとしても、それが健康な状態でなければ、子どもが長期にわたって親の介護に追われることになる**のです。

以前だったら、せいぜい80歳まで生きた親を2〜3人の子どもで介護していたのが、今は100歳まで生きる両親を一人の子どもがみるということも多いのです。

そうして親を見送れたとして、そのとき子どもは70歳くらい。今度は自分の体が言うことを聞かなくなってきて、年金も少ない。「自分の人生はなんだったのか」と絶望してもおかしくありません。

抱え込まないでいい

前出の女性は、嫌がる父親を特養に入れたことに苦しんだようですが、僕はそれがベストの方法だったと思います。

誰でも、自分の人生を最優先に考えるべきであって、自分の生活を犠牲にしてまで親を助けることはありません。どんな親孝行も、自分の生活がきちんと送れる範囲でやればいいことです。

ましてや、介護は素人には難しいのですから、施設に入れて専門家に任せたほうがいいでしょう。

ただ、そうした施設が潤沢にあるわけではありません。**現在は、持ち家・貸し家合わせて9割以上の高齢者が在宅で暮らしています**。その中には、介護が必要な人もかなりいるはずです。

政府は、団塊の世代が75歳以上になる2025年をめどに「地域包括ケア」のシステムを構築し高齢者が医療や介護が必要な状態になっても、その地域で自立した生活ができるようにしようとしていますが、その成果を実感できるのはまだまだ先のことになりそうです。

また、今後は人手不足が加速していくことは確実なので、ロボットの活用なども必要です。全部は無理にしても、自宅にいながらスカイプで医療関係者と接続し、何かあったら介護福祉士の人に来てもらうといったシステムを構築すれば、介護施設はなくても介護サービスが可能になります。

〝元気なうち〟に話をしておく

いずれにしても、親とは早いうちからいろいろ話をしておくべきでしょう。

親が倒れてから慌てるのではなく、また、親の気持ちを考えて遠慮しすぎるのでもなく、どうしたらお互いが一番幸せに過ごせるのかについて、正しい判断が下せる元気なときに話をしておきましょう。

今、医療現場が音頭を取りつつ、「ACP（アドバンス・ケア・プランニング）」という試みがなされています。**ACPは「人生会議」とも言われ、将来の変化に備えて、患者さん主体に、家族や医療ケアチームが繰り返し話し合いを重ねて、患者の意思決定をサポートするというもの**です。

たとえば、今は少し息切れするくらいだという肺疾患の患者が、いずれ症状が進行して自力呼吸ができなくなったらどうするか。そうしたことを、状況に応じて何度でも見直していくことで、無理なく介護に移行できることを目指しています。

ちなみに、**くれぐれも親の介護に専念するために仕事を辞めるという選択肢はとらないように。**それで収入が減ってしまうと、親の介護内容にも影響するだけでなく、自分自身は老後破産しかねません。

そのときの感情や親との関係に流されることなく、冷静に判断しましょう。

防衛術 23

「人生会議」をしよう

気候変動が変える日常

リスク24 温暖化による電力不足

地球温暖化によって、日本の夏は「猛暑」であることが当たり前となりました。

東京オリンピックでは、選手の安全を考慮してマラソン種目を札幌で行ったのに、東京と同じくらい暑かったというしゃれにならない事態にも陥りました。

これまでクーラーいらずだった軽井沢のような避暑地でも、真夏には連日30度超えしている状況にあって、ますます夏の電力消費量は増加しています。それに伴って、政府や電力会社からは「節電のお願い」がなされます。

さらには、ウクライナ問題で西側諸国がロシア産原油の輸入禁止措置を発動させたこともあり、世界中でエネルギー不足が深刻化しています。

そして、こうした状況に真面目に対応しているがために、命を落としかねないリスクに晒される人がいるのです。

実際に、夏にはクーラーの使用を我慢して熱中症で亡くなる人が後を絶ちません。命は助かったとしても、重症の熱中症に罹ると、高次脳機能障害のような深刻な後遺症が残ります。ゆで卵をいくら冷やしても、もとの生卵には戻りませんよね。あれと同じことが脳で起き、記憶力や思考力が著しく低下して、その後の人生の質を大きく落としてしまいます。

冬には凍死者も出ています。電力料金の高騰という要素もあるのでしょうが、高齢者夫婦が暖房をつけずに我慢して凍死体で発見されるという痛ましいニュースも流れました。

一応、**先進国であるはずの日本で、普通に暮らしている人々が暑さや寒さで命を落とすなんていうことが起きている**わけです。

なぜ原発を稼働しないのか

どうして、ここまで電力は不足しているのか。一番の原因は、東日本大震災以来、多くの原子力発電所が稼働停止したからです。

もちろん、事故後に稼動を止めるのは当然でしょう。しかし、震災からもう10年以上経っています。今の日本の電力不足をすぐに解決できる唯一の方法は、止まっている原子力発電所を稼働させることです。

原子力発電所は、止めていてもメンテナンスにお金がかかります。それに、まったく使わないでいても原子炉から熱が発生し続けるので、リスクはゼロにはなりません。だとしたら、動かしたほうがいいという主張もあります。

持続可能な理想のエネルギーを開発していくことは重要ですが、今目の前にある電力不足によって、命を落としている人がいるならば、手早く電力供給する道を考えるべきでしょう。

でも、実際には「原発反対」の声に負けて政府も動けずにいます。

原発反対の声を聞き入れながら、今の電力不足問題を解決するとしたら、電気料金を大きく上げるくらいしかありません。高ければ使う人たちが減って、必然的に不足は解消されるはずですから。

しかしながら、原発反対の人たちは、値上げにも反対なわけで、不可能な理想論ばかり言いながら熱中症や寒さで亡くなる人を増やしているわけです。

節電努力はやめましょう

さて、こんなにもわけがわからない状況で身を守るには、正しい知識を持って行動するしかありません。

まず、**僕が言いたいのは、「家庭での節電努力はあまり意味がない」ということ。**

家庭での節電で多くの人がやっているのは、「まめに消す」というものでしょう。とくに、コンセントから抜いてしまう「待機電力カット」は、効果的だとよく言われます。

しかし、財団法人省エネルギーセンターの「家庭の省エネ大事典」では、一般家庭の待機電力は全消費電力の６％にすぎないそうです。

また、エアコンは30分ごとに入れたり切ったりするよりはつけっぱなしのほうが電力がかからないことがわかっています。

だから、小さなことに気を遣い時間を費やして、あげくは命を危機に晒すくらいなら、自信を持ってエアコンはつけっぱなしにして、自分の健康を守りましょう。

防衛術24 家庭の電力は気にせず使う

リスク25 「未曾有の大災害」で命の危機

今後の僕たちを襲うリスクとして、最も恐ろしくて最も可能性が高いのが自然災害かもしれません。

もともと日本は自然災害が多い国であるのに加え、今は全世界的に巨大災害が増えています。２０２３年２月に発生したトルコ・シリアの地震では、東日本大震災をはるかに上回る死者が出ています。

地震の原因の大半は、海底プレートや活断層が動くことで、それはある程度の周期で起こることがわかっています。

活断層は日本列島にまんべんなくちりばめられているような状態ですから、いつ、どこで大地震に遭遇してもおかしくはありません。

最近増えている巨大台風や大雨、大雪といった天候に関係する災害については、地球温暖化など僕たちの生活様式がなんらかの影響を及ぼしていることはたしかでしょう。でも、それを変えていくことなどもはや不可能に近い。だからこそ「今後も増えていく」のは確実だと考えるべきです。

ハザードマップを最大活用

こうした災害は、来ることは防げないとしても、備えようはあります。

1995年の阪神・淡路大震災では、あの地域に地震が少なかったために人々の備えが甘く、倒れた家具の下敷きになるなどして命を落とした人も多くいました。でも、過去の文献などを調べてみれば、大地震はあったのです。

これからは、過去の災害や、自分が暮らしている土地の特性などについて勉強していくことが必須です。

以前、国の上層部は「国民がパニックに陥るから」とか「資産価値に関わるから」などという理由で、個別の地域の危険度などを公表することに後ろ向きでした。しかし、「公助」よりも「自助」に期待するにあたっては、そんなことは言っていられないようです。

今はどこの自治体も「ハザードマップ」を作成しています。まずは、自分が住んでいる場所、勤務先などよく行く場所、よく通る場所について、ハザードマップでどんな危険があるかについて確認しておきましょう。

そして、その危険が降りかかってきたときに、どんなルートでどこに避難すればいいのかも知っておきましょう。

地下鉄や地下街を利用するときには、非常出口をチェックする習慣も必要です。こうして、ちょっと大げさすぎるくらいにやることで、いざというときのリスク回避の可能性が高くなります。

なお、**ハザードマップを見ることもなく、家を建てたりマンションを購入するなど、絶対にやってはいけません。**今は不動産業者も不都合な情報を開示する義務がありますので、とことん調べ上げてください。よく言われることですが、ハザードマップ上で安全とされているエリアには古くからある神社などが建っていたりします。僕たちの先祖は経験的に安全な土地と危険な土地を見極めているわけです。

いざというときのシミュレーションを

災害時の細かい行動についても、普段から確認しておきましょう。

地震なら、玄関のドアを開けましょう。揺れでドアが歪んで開かなくなり、逃げ遅れることがあるからです。

今は、台所のコンロなどは自然に火が消える機能が備わっているはずですから、火の元よりも逃げ道を確保しましょう。

命が守れて、家も潰れなかったとしても、余震に備えましょう。2016年の熊本地震では本震では無事だったのに、その後の余震で多くの人が命を落としました。

断水は後から起きることがありますから、水が出るうちに風呂などに溜《た》めておきましょう。飲み水はミネラルウォーターが用意してあっても、困るのがトイレや洗濯の水です。風呂に溜めておけば、それを使うことができます。

停電も後から起こり得ます。スマホと予備バッテリーはフル充電しましょう。冷凍庫のアイスは溶ける前に食べ、冷蔵庫の中身も腐りやすいものから消費しましょう。

住んでいる地域や家庭環境によってそれぞれやるべきことがあるはずです。家族や同僚と、シミュレーションをしてみるのもいいでしょう。

自分の判断で逃げろ

いずれにしても、最も大事なのは逃げて命を守ることです。

どんな災害でも、避難警報が出ても逃げないでいて、結果的に命を落とす人がいます。その多くは「これまでも避難警報が出ても結局なんともなかったから」という理由です。

こうした判断は、まったく間違っていると僕は思いますが、それでも個人で決断したことならば仕方がない面もあります。極めて問題なのは、そうではないケースです。

東日本大震災のとき、企業単位で避難しなかった会社が存在したようです。偉い人が「大丈夫だろう」と言っていれば、社員はそれに従うしかなかったのでしょう。

でも、僕なら「警報が鳴っているよ」と怒鳴って周囲に知らせながらすぐに走り出します。**自分の命に関わることですから、間違っている上の判断に従う必要はまったくありません。**

さらには、上を説得しようなどとする必要もありません。警報が出たときの上の正しい判断はただ一つ、「みんな早く逃げろ」と言うことです。それができない人に対して、「社長、逃げましょうよ」などと言ってみても無意味です。

やるべきは、さっさと逃げて自分の命を守ることです。

防衛術 25
危ないときは〝率先して〟逃げる

リスク 26
新たなパンデミックで経済が止まる

新型コロナは、少し落ち着いてはまた新しい波が来てということを繰り返しています。これからも、変異を続けながら僕たちと共存していくことになるでしょう。

また、コロナ禍のさなかに「サル痘」の流行も起きました。2023年3月段階で世界で約8万6000人以上の感染が確認されており、厚生労働省は同時期、自治体や医療機関にサル痘についての情報提供と注意喚起を行っています。今のところ日本での流行はなさそうですが、いつどうなるかわかりません。

新型コロナについても、変異の途中で強毒化するかもしれないし、ほかの未知のウイルスが人類を襲うこともあるでしょう。

しかしながら、日本ではそれに対応できる準備は整っていません。

コロナで医療体制が逼迫《ひっぱく》したのはどこの国も同様ですが、日本の場合、病院が患者を受け入れるかどうかを自由に決められるところが大きなネックになりました。寝る間も惜しんで命がけでコロナ治療にあたった医療機関もある一方で、まったく関わろうとしないところもたくさんありました。

コロナ禍はまさに非常事態だったはずなのに、それでも国に「患者を受け入れなさい」と指示する権利がないのです。

今後に備え、野戦病院のようなものをつくっておくことが必須だと思いますが、そういう箱があっても、医療関係者の自由意志が尊重されていれば、それは機能しないかもしれません。

必ずやってくるはずの新しいパンデミックに備え、「新しい医療体制を整えなければいけない」「アメリカのCDC（アメリカ疾病予防管理センター）のようなものをつくるべきだ」ということは、政治家もわかっています。それでも、コロナが少し落ち着いたら、議論しなくなってきています。だから、**次のパンデミックでは同じことが繰り返される可能性が高く、もっと強毒性のものであれば、恐ろしい事態になる可能性があります。**

こうしたリスクがある中で、僕たちが個人的にできることは大きく2つ。正しい知識を持つことと、状況に合わせた合理的な行動を取ることでしょう。

新型コロナウイルスについては、今もなお解明されていないことがたくさんあります。それなのに、初期の段階から怪しげな専門家たちが断定的に根拠の不確かなことを話していました。ごく初期には、「マスクはまったく役に立たない」と言っていた自称専門家がたくさんいたのを覚えています。

ワクチンについても、もし正しいことを言おうとしたら、「効果はあると言われているが、その効果がどれくらい持続するのか、日本人への副反応はどのようなものがあるのかなど、まだわからない部分もあるので、全員が受けるべきとは全面的には言えない」ということになるでしょう。長くてまどろっこしいけれど、これが今のところの正解です。

ところが、「ワクチンはまったく効果がない」「ワクチンは絶対に効く」といったように、無責任に断言してしまう人に、多くの人は騙されるのです。

公衆衛生学が専門の渋谷健司さんは、情報を鵜呑みにするのではなく、「科学的根拠や原典に当たること」の重要性を解いています。

現場でコロナ患者の治療にあたっていた医師の一人である後藤礼司さんは、「批判的吟味」という言葉を使っています。**どんな立派な論文であろうとも、端から信じるのではなく、「これ、本当なのか？」という批判的な目を持ちつつ読み解いていくことが重要だ**というのです。

こうした姿勢は、一般人である僕たちも持つべきでしょう。

経済も守る合理性を持とう

パンデミックが起きたときは、経済の立て直しも視野に入れておくことが非常に重要です。

ウイルスを閉じ込めるための最良の方法ばかりを追求していたら、それは必然的に人間同士の関わりを減らすこととなり、すなわち社会活動が止まってしまいます。ある程度のところで、普通の生活に戻していく判断が求められます。

たとえば、「黙食」というルール。コロナウイルスが飛沫《ひまつ》に多く含まれることを考えたら、おしゃべりしながらの食事が感染率を上げるのは誰でもわかります。しかし、ずっと、それをやっていていいのでしょうか。

医療関係者の集まるところや高齢者施設では、黙食はまだまだ必要だと思いますが、一般社会ではもうやめていいでしょう。ましてや、子どもたちにそれを続けさせるのは酷です。大人は居酒屋ですでに騒いでいるのですから、子どもたちにだけ黙食を続けさせるのは合理的ではありません。

日本では、フランスなどと違って、強制されなくても多くの人がマスクをしています。そういう慎重さは大事だけれど、あまり自粛が行き過ぎてしまうと経済がボロボロになります。**経済がダメになれば、うつ病に罹ったり、自死を選ぶ人が増えます。それもまた命に関わるリスクだということを認識していきましょう。**

防衛術 26

「科学的根拠」に基づいて対応を決める

不動産はこれからは「負動産」

リスク27 「買い手不足」からくる急激な地価下落

日本でもリモートワークが進んで、これまで以上に「家の居心地」にこだわる人が増えているようです。その流れを逃すまいとばかり、不動産業者が盛んに売り込みをかけています。

しかし、**ローンを組んでまで家を購入するということは、人生における大きなリスクであること**を忘れないでください。

ローンは、今の給料を何十年も受け取り続けることを前提で組まれています。終身雇用が当たり前だった高度経済成長期ならばまだしも、これからの日本にそんな保証はどこにもありません。

実際に、ローンの支払いが追いつかずに破綻するケースは山ほどあります。支払えなくなっても、ローンは借金ですから返していかねばなりません。そこでせっかく買った家を売ることになりますが、買った価格より低い値段でしか売れません。家を手放したうえに、差額分の借金を背負うという結末が待っているのです。

とくに、タワーマンションは最もマズい買い物です。

タワーマンションは高層階ほど人気ですが、言うまでもなく日本は地震国です。高層階ほど揺れが大きいし、エレベーターが止まったときには生活が成り立ちません。

また、マンションは老朽化したら建て替えることになっているものの、居住者の意見がバラバラでうまくいかないことがほとんどです。ましてや、居住者が多い高層マンションともなれば、建て替えなど不可能に近いと僕には思えます。

つまり、**資産価値ゼロなのに、固定資産税やローンという長期間の借金は生じる「負動産」となるのが高層マンションです。**

もし、どうしてもこうした物件に住みたいなら、賃貸に限ります。

家は余るので価値がない

そもそも、一軒家だろうと高層マンションだろうと、家に資産価値はほとんどないと見なしたほうがいいでしょう。

人口が減り続ける日本において、住宅は絶対に余ってきます。余ってくれば売り物件に対し買い手が付かなくなるので地価も暴落します。「将来、老人ホームに入るときには、この家を売ればいい」などというのは、非現実的な考えなのです。

よくありがちな「4000万円くらいの都内の物件を、ローンを組んで購入する」というケースで考えてみましょう。

実は、4000万円くらいの物件はとても中途半端で、都内でも価値が下落する傾向にあります。おそらく、**ローンを払い終えた頃には、半分くらいの価値になっているでしょう**。買ったときの価格にローンの金利分を合わせて考えると、おそらく8000万円近く支払っています。つまり、2000万円の価値のものに8000万円も費やしたというのが、このケースの実態なのです。

それでも、2000万円で売れればいいほうでしょう。しかし今後は、どれだけ叩いても売れない物件が相次ぐと僕は踏んでいます。

家の購入は、現金一括払いができるようなお金持ちがやることと考え、一般人は賃貸で暮らすほうが、はるかにリスク少なく生きられます。

高齢者でも借りられる時代

リスクを回避するためには家は買わないのが一番ですが、賃貸の場合「高齢になると貸してもらえないのではないか」と心配する人もいるはずです。

しかし、これも杞憂だと僕は思います。

今もなお建築が進んで、マンションやアパートは増えています。一方で、人口は減り続けますから、住宅の供給過多が起きます。となれば、物件の持ち主は、「高齢者だろうとなんだろうと貸すしかない」と考えるはず。支払いさえきちんとしていれば、貸してくれるでしょう。

どうしても心配なら、高齢になってから値下がりした安い物件を買うという方法もあります。都心でなくとも、大きなショッピングモールに近い物件なら、便利に快適に過ごせるでしょう。その際も購入した物件を資産とは見なさないほうがいい。

いずれにしても、家に大事なお金をすべて注ぎ込まないようにしましょう。

無理に家など買わずに、ずっと賃貸でその分貯金をしておけば、老後も選択肢が広がります。ところが、**ローンの支払いがあれば、なかなか貯金ができないばかりでなく、そうまでして手に入れた家は、無価値に近い状態になってしまいます。**

重要なのは、不動産投資と自宅購入は別物だということ。家を買うことが自分の幸せにつながるならいいですが、「将来の資産になる」という考えは捨てるべきなのです。

防衛術27 家を「将来の資産」と見なさない

リスク28 実家が「空き家」になる

今、「空き家問題」がクローズアップされています。

一口に「空き家」と言っても、専門的には「売却用（販売中）」「賃貸用（入居者募集中）」「二次利用（別荘など）」「その他」という四つの分類があるそうです。

「売却用（販売中）」や「賃貸用（入居者募集中）」の空き家は、不動産業者が管理しているので僕たちには関係ありません。

所有者が管理している「二次利用（別荘など）」と「その他」という分類のうち、とくに問題視されているのが「その他」の空き家です。

別荘を持てるほどのお金持ちなら、空き家となっている期間も、ちゃんと業者に頼んで管理しているでしょう。

一方で、住んでいた人が高齢のため老人ホームに移ったり、長期入院したり、あるいは死亡して誰も管理できない状態で放置されている空き家は、火事や犯罪、獣害などの心配もあって、周囲の人や行政を困らせる存在となります。

そして、空き家になって、一番困るのが持ち主の子どもたちなのです。

タレントの松本明子さんが「実家じまいで大赤字を出した」ことが話題になりました。両親が亡くなった後25年間にわたり、香川県高松市の実家を守ってきた松本さんは、その維持に１８００万円もかけたのに、いざ売ろうとしてもほぼ価値なしで大赤字になったというのです。

これは特別な例ではありません。誰にも起こり得ます。

人口がどんどん増えて住居の確保が大変だった高度経済成長期なら、親から家を相続できるのは大いに喜ぶべきことでした。しかし、**今や親が残した家は、子どもにとって負債のリスクとなるケースがほとんど**です。

魅力がない家はどうにもならない

そもそも、子ども世代にとって、親が暮らしていた家はさほど魅力的な物件ではありません。会社からも近いわけでもなく、水回りなどの設備も老朽化している家に、すでに生活基盤がある自分たちが住もうとは思えません。

自分たちにとって魅力的ではない家は、他人にとっても同様の確率が高く、都内の一等地などよほど条件がいい物件でない限り、なかなか借り手もつかないし、売ろうとしても二束三文です。

けれど、持っていれば固定資産税はかかります。

さらに大変なのは維持です。**いくら自分が住んでいないとはいえ、荒れたまま放置しておくわけにもいかないのが実家**です。老朽化して崩れ、通行人に怪我をさせたりした場合、持ち主の責任を問われます。

「そんな面倒くさいことは嫌だ、実家はいらない」と思っても、両親亡き後に何もしなければ子どもが相続することになります。

少子化が進んでいる今、ひとりっ子同士の結婚もめずらしくありません。こうしたケースでは、夫の実家と妻の実家という二つの古い家が、自分たちの所有物となる可能性があります。

以前だったら、それは財産が増えることでうらやましがられたでしょう。しかし、これからは大きな荷物を二つ背負うことになります。

価値観が違う親とすりあわせを

だから、親がまだ元気なうちに、家の処分についてよく話し合っておきましょう。

親は昔の価値観でいるから、家は財産だと思っています。「子どもに家を残してあげれば喜ばれる」と、自分たちの生活を切り詰めてでも家を残そうとします。その結果、子どもが苦労したのではやりきれない話です。

近所の不動産業者などの意見を聞き、その価値をちゃんと調べ、どうするべきか正直に話し合いましょう。それによっては、親が家を処分して、そのお金でどこかへ移り住むということもできるでしょう。

フランスでも空き家問題はありますが、いろいろ活用の工夫がなされています。たとえば、行政や篤志家がタダ同然で買い取り、NPOの大工がボランティアで修繕し、それを貧困家庭やホームレスに安く貸し出すといったことをしています。

日本でも、空き家を活用しようとする動きは少しずつ出てきているので、そうした活動をしている団体を探すのも手かもしれません。

いずれにしても、「抱えてしまってから」では大変。お荷物となる前の段階で、早めに対策を考えましょう。

防衛術28 家を「将来の資産」と見なさない

第4章

教育

「時代錯誤な人」に振り回されない

「謎の慣習」がはびこる現場

リスク29
「前例踏襲」すぎる教育

政府が少子化対策と教育レベルの向上に本気で取り組めば、経済もうまく回るようになる。これは、多くの国で証明されていることです。優秀な子どもを一人でも多く育てることが、国の将来にとって非常に重要なのです。

そのときに大事なのが、従来の日本の教育にはない「天才型の人間をいかに伸ばせるか」という要素。

今は、そこそこに優秀なゼネラリストをたくさん集めるよりも、天才が一人いたほうが成果が出る時代だからです。 欧米ではすでに、そういう天才型の子どもが育つ環境が整いつつあります。しかし、日本では、たとえば数学だけが突出してできても、ほかの科目がダメだといい大学には入れません。結果的に天才がいても埋もれてしまうのです。

こうした状況について、政治家は何も考えていないかのようです。教育政策は成果が出るまで時間がかかるから、一票が欲しい政治家にとって取り組むうまみがないのでしょう。

もっとも、実際に教育政策を担っているのは文科省の役人です。東大を出て国家公務員一級試験に合格する人の中で、とくに優秀な人たちは財務省などに行きます。文科省は、優秀ではあるけれど天才的とまでは言えないゼネラリストが多く、そういう人たちが天才を育てる教育について効果的な制度を構築できるはずもありません。

また、教育の現場自体も問題があります。

プロジェクターを使って、資料もそのままコピーさせればいいだけなのに、いまだに黒板にチョークで授業を進め、子どもたちに板書させている。そんな無意味なことをしているのは、先進国では日本だけです。

ギフテッドが埋もれてしまう

こうした教育システムが日本を凋落《ちょうらく》させていると気づいている人は多いはずですが、肝心の文科省や教育委員会の人たちは一向に改善しようとしません。現場の先生たちにしても、天才型をどう見極めるかが難しいし、これまでのように、単純に点数で子どもたちを判断したほうが仕事が増えなくて楽なので、何も変えようとはしないのです。

何か特別な才能を持った子を指す「ギフテッド」という言葉が、日本でも浸透してきました。それに対し、ギフテッドという表現が「日本の文化になじまない」などと言い出す教育関係者もいます。

才能があるかどうかと文化はまったく別の話です。数学が突出して得意な子どもがいたとして、それを文化的にどう評価すべきかなどというのはナンセンスの極み。**せっかくの特別な才能をいかに発揮させるか、もし発揮できないで困っている子どもがいるならどう救っていくかを考えるのが、教育現場の大人たちの役割**です。

ところが、ギフテッドに、明確な判断基準があるわけではありません。現場の先生もギフテッドを見抜けません。そんな状況にあって、結局のところ、才能のある子たちが埋もれているわけです。

今のままでできること

こうしたリスクまみれの日本の教育環境に任せていたら、優秀な子どもも能力を伸ばしきれません。ここは、親がしっかり独自の方法を探る必要があります。

とはいえ、中学のうちから高偏差値の私立校に通わせることには僕は反対です。

たとえば、英語教育について多くの親が勘違いしています。日本の英語教育は読み書きに偏っていて会話力が育たないので、もっと話せる教育が必要だと。

東京都教育委員会が発表したデータでは、公立小学校卒業者のうち、およそ5人に1人が私立中学へ進学しています。とくに、文京区では2人に1人に近く、港区、中央区、目黒区、世田谷区などがそれに続いています。

私立中学に進学させるには、小学3〜4年生から高い費用を支払って学習塾に通わせる必要があります。それができる親なら、子どもの将来を考えて私立に行かせたいと考えるのもわかります。

ただ、私立に進学すれば、子どもの学習能力はもちろん、親の経済力も似ているため、かえって子どもが理解できる世界が狭くなることがあります。

とくに、私立中学からそのまま大学に進んだ場合、周囲にいる人たちは、いつも似たような偏差値であることが多く、たとえば「日本の人口の半分は偏差値が50以下なんだ」ということを感覚的に理解できません。

僕が学んだ公立中学には、とんでもなく偏差値が低い子も、そこそこ勉強ができる子もいました。しかし、そうした学力差と人間性は必ずしも比例していなくて、成績が悪くてもすごくいいやつもいました。**僕が「2ちゃんねる」や「ニコニコ動画」など、BtoCでたくさんの人に使ってもらうサービスをつくることができたのも、公立の学校でいろいろな人を見てきた経験が役立っている**と思います。もし、私立の学校にしか通っていなかったら、よりニッチなサービスしかつくれなかったかもしれません。

世の中は、いろいろな人間で成り立っているという基本的なことを理解できる環境で育つのは、重要なこと。

型にはまる日本教育から、いい形で抜け出しましょう。

防衛術29 「私立」にこだわらない

リスク30 役に立たないことしか学べない

以前、YouTubeの企画で、芥川賞作家の羽田圭介《はだけいすけ》さんと対談したのですが、そのときに実に興味深いエピソードを話していました。

ある番組の企画で、羽田さんの代表作である『スクラップ・アンド・ビルド』（文藝春秋）の文章問題を羽田さん自身が解くことになった。しかし、作者が答えたのにもかかわらず、「この文章の意味を述べよ」といった問題で間違えてしまった……。

羽田さんはそのエピソードの解釈として、次のように話していました。

「**国語の問題を解くときに求められるのは、こういう場面ではこういう答えが正解になるという、空気を読む力なので、作者自身でも間違えてしまう。**問題をつくった人が悪いわけではなくて、今の国語教育とはそういうものだということ」

そんな長文読解試験に意味はあるのかという疑問も残るし、そもそも、小説を読んで何を思うかは人それぞれで、その解釈が同じである必要などないはずです。

それよりも、「本を読むことは面白い」と感じてもらうことのほうが、国語の授業としてはよほど重要でしょう。

このように、日本の教育にはおかしなカリキュラムがいっぱいあります。

義務教育で最優先されるべきは、社会に出て生活していくために必要なことを教えてあげることでしょう。

そこでは、最低限の読み書きや計算は不可欠です。こうした知識は、バスに乗るにも、スーパーで買い物をするにも、役所で書類を申請するにも役に立ちます。

一方で、古文や漢文はどうでしょう。普段の生活で古文や漢文の知識を使いこなしている人は、ほぼ皆無に近いはずです。

こうしたものは、むしろ教養として学ぶのに適しており、やりたい人がとことん深めればいい。

思い切って学校のカリキュラムからは外してしまい、その時間をより役立つカリキュラムにあてたほうが子どもたちのためだと僕は思っています。

大事なことを教えてくれない

ある高校を出たばかりのシングルマザーが、ネットに経済的な悩みを寄せていました。「生活が苦しいので、このままでは子どもにやりたいことをさせてあげられない。子どもの将来を考えたら養子に出したほうがいいだろうか」というのです。

しかし、本人が育てるのと養子に出すのと、どちらが子どもにとっていいのか、その将来は誰にもわかりません。

僕が一つ気になったのは、この女性が「自分が育てられないなら養子に出すしかない」と思い込んでいることです。ほかにもある選択肢を、彼女は知らない。それは、学校で教えてもらえなかったからです。実際には、東京だったら「母子生活支援施設」があります。親が働きに出ているときは、母子支援員や少年指導員が子どもの世話をしてくれるし、格安な家賃で一緒に住むことができます。

それでも大変だったら里親制度を利用することになるのでしょうが、これにもいろいろな種類があります。だから、「お金がないシングルマザーは子どもを育てられない」と諦めるのは早計です。

こういう知識は、何も本人ばかりが持つべきではなく、友人や周囲の人間がアドバイスしてあげてもいいわけです。ところが、若者のみならず、高齢者世代であっても多くの人は知りません。みんな、教えてもらっていないのです。古文や漢文より、ずっと役立つ知識なのに。

家庭で教えてあげよう

自分の子どもを日本の教育制度の犠牲者にしないためには、**普段から家庭で「世の中に出たときに役に立つこと」について、教えてあげるといい**でしょう。

たとえば、役所にはどんなサービスがあるのか、そのサービスを受けるにはどういった手続きをすればいいのか。子どもと一緒に実際に役所に出向いて、申請書類を貰ってくるのもいいでしょう。

ちょっと高度なところでは、契約書の読み方なども教えてあげるといいと思います。賃貸住宅や月極駐輪場などを借りるときの契約書があれば、そこに何が書いてあって、どんな約束事がなされているのかを読みながら解説してあげましょう。まさに、机上の空論ではない「役に立つ法律学習」ができるはずです。

もう一つ、「お金がない」という状態を経験させてあげることも大事です。僕は子どもの頃、小遣いがもらえず、友人に頼らざるを得ませんでした。しかし、そういう状況だからこそ、どう人と関わっていけばいいかが理解できたように思えます。

今の日本企業はお金がなく、若い人に多くの給料を払えません。そうした状態であっても、チームリーダーは会社からマネジメントを求められます。

また、NPO法人のような非営利団体では、人は給料では動きません。

これからの時代、お金と関係なく人を動かせる能力があれば有利で、そうした能力は、お金がない状況を経験してこそ育ちます。

防衛術30

社会で必要な知恵を「家庭」で教える

「政治」と「教育」の微妙な関係

リスク31 行き過ぎた「愛国教育」の推進

ウクライナ侵攻後のロシアで、それを正当化するために虚偽の情報が流されていることは、多くの国が認めるところです。

ロシアの子どもたちの教育現場でも、「ウクライナはファシストの国であり、この戦争はロシアを守るための正しいものだ」といった論調がまかり通っています。

もっとも、教育へのこうした政治の圧力は、ロシアに限ったことではありません。

2006年、第一次安倍政権下で教育基本法の見直しが行われ、そこでは「愛国心」という条項が盛り込まれました。

さらに、第二次安倍政権下で2014年、教科書の検定基準が見直されました。それによって**教科書は、政府の統一見解に基づく記述をするよう求められ、だんだんと政治による教育現場への圧力は強化されているの**です。

このように、安倍晋三氏が愛国教育に熱心だったことはたしかですが、そのこと自体が問題だとは僕は思いません。自分の母国を愛する気持ちを持つことは、日本人に限らず大事なことでしょう。

ただし、明らかに、行き過ぎも見られました。

たとえば、問題になった森友学園が運営する幼稚園では、次のような宣誓が幼児たちによってなされました。

「中国、韓国が心改め、歴史教科書で嘘を教えないようお願いいたします」

「安倍首相頑張れ、安倍首相頑張れ、安保法制国会通過よかったです」

幼稚園児が自らこんなことを考えるはずがなく、普段から偏った教育が行われていることは明白です。

安倍晋三氏は、こうした幼稚園の指導法について「適切ではない」と述べているものの、もともと森友学園の教育方針について、高く評価していたのです。

隠される真実

森友問題で自殺に追い込まれた赤木俊夫さんの遺族は、1億1000万円という高額の賠償を求めて政府を訴えましたが、この額面には意味があります。

もともと、政府はこの問題を詳しく調査したくないから、むしろ裁判では負けを認めてしまったほうがいいわけです。そのときに、安い賠償金だと簡単にそれができますが、高額になれば争わざるを得ません。赤木さんの遺族はそこをついたわけですが、それでもあらゆる手を使って政府は真実を隠し続けるでしょう。

第二次世界大戦に敗北した日本の教育現場では、それまで使われていた教科書の文言を、墨で黒く塗りつぶすことが行われました。

つまり、戦前に教えられていたことは嘘であったということです。

これは、「あの時代なら、そういうこともあったんだろうね」で済まされる問題ではありません。**今も政府は、国レベルで「国民には見せたくない嘘」をたくさん隠し持っています。**そうした政府の考えのもと、教育も行われているわけです。

ネット活用で身を守れ

ただし、当時と今で違うのは、インターネットがあることです。国が何をどうごまかそうと思っても、ネットがある限り隠しきれないことが出てきます。だから、正しい情報を得るために、ネットは大いに活用すべきです。

一方で、ネットにはフェイクもたくさん存在します。意図的に偏った情報をネットで流す人もいるわけです。

こうしたこともあって、フェイクニュースなどの偽情報に子どもが悪い影響を受けることを心配する親も多くいます。

僕は、かつてテレビのインタビューで「嘘を嘘であると見抜ける人でないと（ネット掲示板を使うのは）難しい」と述べたことがあります。しかし、**大人でもインターネットの嘘を見抜けない人がいっぱいいるのに、その大人が子どもに嘘の見抜き方を教えるのは至難の業**です。

そこで、一つの方法として、「ネット上には嘘の情報であっても簡単に載せられる場がたくさん存在する」ことを子どもに経験させてあげるといいでしょう。

どう考えても嘘の話、たとえば「日本で穴を掘り続けるとブラジルに到達する」ということを、子どもと一緒に、どこかのページに書き込んでみます。もちろん、誰も信じないでしょうが、嘘はそのまま掲載されます。それを実際にやってみせることが大切なのです。

そんな嘘でさえも書き込むことができて、とくに罪に問われるわけでもない。しかも、特別な資格も必要なく、偽名で無責任に書き込める。

そういう現実を理解することで、**少なくとも「インターネットの情報は簡単に信じ込んではいけない」ということだけは学べる**はずです。

防衛術 31
「ネットは嘘だらけだ」と伝える

リスク 32
研究者の待遇悪化&予算削減

毎年11月になると、「日本人のノーベル賞受賞なるか」という話題で持ちきりになります。実際に、今のところ数年に一度は受賞のニュースが飛び込んできます。

しかしながら、将来に目を向ければ、かなり絶望的です。**日本では研究者を巡る環境が年々劣化しており、今後も世界的な業績をあげる人材を輩出していけるかどうか怪しい限り**なのです。

そもそも、飛び抜けて優秀な研究者というのは、とにかく研究が好き。自分の労働を時給に換算する発想などほとんどなく、一分一秒でも研究に没頭していたいと思う人たちです。とはいえ、彼らはたくさんのお金を必要としています。それがなければ、大好きな研究を極められないからです。

つまり、優秀な研究者にとって、研究に必要なお金をどれだけ集められるかが、場所選びの重要ポイントとなります。

アメリカの場合、教授が自分でスポンサーを見つけてきて、企業と共同研究をやったりします。青色発光ダイオードでノーベル賞を取った中村修二氏は、日亜化学と金銭的に折り合わなかったこともあり、2005年に国籍を日本からアメリカに移しています。日本は、優秀な研究者を一人失ったわけです。

一方で、iPS細胞でノーベル賞を受賞した山中伸弥教授は、あくまで日本で研究活動をしていますが、研究資金を得るために、マラソンを走って寄付を集めたりしています。山中教授には、走っている時間があったら研究に没頭してもらったほうが国のためだと思いますが、山中教授レベルの研究者にも、十分なお金が回ってこないのです。

残念ながら日本には、優秀な研究者にお金が回る仕組みがありません。政府は、かつて日本で盛んだった基礎研究の分野が劣化していくことについて危機感を口にしてはいるけれど、実際には優秀な研究者を困らせるようなことばかりしているのです。

そして、これからの学術分野で幅をきかせてくるのが中国です。

中国では、優秀な研究者には日本と桁違いのお金をかけます。そもそも、中国のような構造の国がその気になれば、資本主義、自由主義の国が、研究レベルでかなうはずがないのです。

日本のように社会保障がしっかりした国では、一人ひとりの国民を守るためにお金を使います。ところが**中国は、極端な話、多数が犠牲になっても大きな功績を残す人を恣意的に選ぶことができます。**

言ってみれば、効率的に才能のある人物にだけお金をかけていけるわけで、年収もたくさん払えます。そうした環境は、どこの国にでもいるはずの優秀な研究者を集めることを可能にします。

実際に、中国の大学では、研究施設の拡充が行われ、教員採用も増えています。その採用告知は『Nature』『Science』などの一流科学誌でも積極的に行われ、優秀な外国人の応募が増えているそうです。

こう考えると、もはや日本の学術研究はまさに風前の灯火《ともしび》状態。多くの優秀な研究者はアメリカや中国に行き、そのためいい教授がいないから学生も望んだ研究ができない……と、国としても個人にとっても、リスクが大きくなっていくわけです。

若いうちに結果を出せ

こうしたリスクから脱却するのは大変なことで、国立大学の運営交付金復活など、国レベルでやるべきことは山ほどあります。

しかし、政府にまともな対応が期待できないとなれば、研究者一人ひとりが身を守っていくしかありません。

まず、研究者は若いうちから成果をあげることが大事です。その成果には、論文発表など「世に知らしめる」活動も入ります。

とくに、**アメリカのような競争社会で生き残ろうと思ったら、研究業績を残せない学者はまったく認められない**と考えてください。

日本なら、一度、大学教員になれば安泰かもしれませんが、アメリカでは、契約期間中に業績を残した研究者だけが「テニュア」という終身雇用の身分が得られ、安心して研究活動に打ち込めます。そして、その身分を勝ち取った教授は、若い研究者にもいろいろ教え、その研究者が伸びれば自分の成果となるという、プラスのスパイラルが得られます。

ところが、テニュアを得られなければ、いずれ大学を去ってまた就職活動をしなければなりません。

かくも熾烈《しれつ》な世界ですが、アメリカでテニュアを獲得するというのは、研究者としての確実な道と言えます。

あるいは、たとえば竹中平蔵さんのような実践的な提言をする研究者になるのも一つの手でしょう。

竹中平蔵さんは「庭師と植物学者」という事例で僕に説明してくれましたが、知識がある植物学者に留まらず、その知識を生かして優れた庭師になる道があるというのです。

法律学者や経済学者はたくさん勉強して知識を持っています。しかし、現実の政策を立案したり実行するのは政治家や官僚です。

このとき、得てして政治家や官僚は学者の知識を無視して勝手に動いてしまい、学者も実際の現場のことを考えないで研究ばかりを続けています。

この乖離《かいり》した二者をつなぐような役割が必要で、そうした人材になっていくのはこれからの生き残りのために重要かもしれません。

防衛術32 海外に出るか、〝庭師〟になる

「子どもの幸せ」を願っているのに……

リスク33
親ガチャで人生決定

最近、「親ガチャ」という言葉があちこちで使われています。それに伴って、「親のことを悪く言うものではない」「自分の人生を親のせいにしてはいけない」などといった批判意見も多く見受けられるようになりました。しかし、親ガチャは間違いなく存在するし、それによって子どもたちは苦しんでいるのです。

そもそも、以前から親ガチャという概念はありました。何かの才能はあったけれど、家が貧しかったからそれを極めることができずに大成しなかったというのは、今も昔もよくある話です。モデルや芸能人に憧れても、親譲りの容姿やスタイルがそれを可能にしないということもあるでしょう。

このように、**子どもが親に何かしらの不満を持つのは当たり前のことで、それを気軽に他者に話せるという意味でも、親ガチャという言葉を子どもが口にするのは悪いことではない**と僕は思っています。

とくに、虐待を受けている子どもたちを救うという観点に立てば、親ガチャという言葉を気軽に使える社会にしたほうがいいでしょう。

というのも、児童相談所の児童虐待対応件数は年々増えていて、令和3年度の数字では20万7660件となっています。日本では少子化が進んでいるのに児童虐待は増えている。子どもにとっては、親の犠牲になるリスクは高まっているわけです。

もちろん、「親のせいでうまくいかなかった」という子どもの思いのすべてが当たっているわけではありません。実際には子どもの努力が足りないだけということもあるでしょう。

ただ、子どもが「親のせいでうまくいかなかった」と思っていることは事実で、そこには、子どもときちんと向き合って関係を築いてこなかった親の責任もあると思います。

親の立場として、子どもが不満を口にするのはつらいでしょう。しかし、自分が嫌われるようなことを子どもにしておいて、子どもが自分を嫌っていることに腹を立てるというのは筋が違います。

笑い飛ばせたら最高

一方で、子どもの立場になってみれば、いつまでも親を恨んでいても道は開けません。少しでも自分が幸せになる方法を考えなくては、もろに親ガチャの犠牲になるだけで終わってしまいます。

アフリカのことわざに**「親が教えないことは世間が教える」**というのがあります。親に教えてもらえなかったことや与えてもらえなかったものも、世間というフィールドで得ていきましょう。

そもそも、世の中のほとんどは「ガチャ」です。「五体不満足」の乙武さんは「自分は肉体ガチャに外れた」と言っています。これは、乙武さんしか言えないようなインパクトのある表現ですが、進学も就職も結婚も……人生のあらゆる事柄に運の要素は絡んできます。

では、運がよければすべてOKかというとそうでもありません。ゲームは初期設定がハードなほうが面白いですよね。恵まれた環境に生まれついた人は、ソフトな設定だから、実は人生というゲームをあまり楽しめません。

だから、親ガチャに苦しんだら、まずはハードな設定をよしとして「親は選べないよね」と笑い飛ばしてみましょう。

自分ファーストで生きていい

笑い飛ばすことなどとうていできないようなら、もう親のことなど忘れて自分ファーストで生きていくしかありません。

口うるさく支配してくるような親ならば、とにかく離れることをすすめます。一人暮らしをして親と距離をとりましょう。あなたの居場所を教える必要もありません。

以前番組で共演したYouTuberは、顔出しで動画をアップしていることを父親に反対されて勘当状態になり、悩んでいると話していました。その人に対して僕は「親の言うことを聞いて結果としてうまくいかなかったら、めちゃくちゃ後悔する。だから、自分の好きなように生きればいい」と伝えました。

もっと深刻なケースで、虐待を受けているような人は、ＮＰＯ団体に頼るなど自分を救出するための行動に出ましょう。虐待されているあなたを助けられるのは、親ではなく他人です。

いずれにしても、子どもを苦しめる、まったく理解しようとしない親とは、話し合って理解し合おうなどと思わないこと。日本には、親孝行神話のようなものがありますが、親に対して義務感や罪悪感を持つ必要はありません。

大事なのは、親を幸せにすることではなく、あなたが幸せになることこそ最優先事項です。ダメな親は、社会の底辺を知るための教科書だと思いましょう。

ちなみに、恵まれた環境にある人は、その環境に感謝することはほとんどありません。「自分は当たりの親だった」などと意識することすらないでしょう。そういう人と比較しても馬鹿馬鹿しいだけです。さらには、恵まれた人たちが「親ガチャなんて言葉を使うのはよくない」などと言うのは驕《おご》りだと思います。苦しんでいる人のことなどなにもわかりはしないのだから黙っていることです。

防衛術 33
親元を離れて自分優先で生きる

リスク34
仕事と育児の両立が不可能

日本における共働きは増えていて、1980年に614万世帯だった共働き世帯数が、今は倍以上の1300万世帯近くになっています。

その理由としては、遅ればせながら男女共同参画社会が進みつつあることも挙げられるでしょう。しかし、一番は**「夫婦二人で稼がないとお金が足りない」**というものだと思います。僕の親世代は経済が伸び盛りで、物価の上昇を上回るスピードで給料も上がっていたので、夫が働き、妻が専業主婦をするというモデルが成り立っていました。実際、僕の母親も専業主婦で、たまにパートをするくらいでした。

そうした状況にあって、多くの夫婦が共働きをしてでも捻出しているのが子どもの教育費です。子どもにだけはいい教育を受けさせたいと考えるのは、親として当然のことでしょう。

その結果として、多くの子どもが早くから塾に通ったりしているものの、両親と過ごせる時間は少なくなっています。

実は、こうした流れに対し、僕はちょっと危機感を持っています。

というのも、共働きで忙しい夫婦は、子どもに対して粘り強い向き合い方ができません。何か親子に行き違いがあっても、その原因を探って子どもとしっかり話し合う前に、怒って言うことを聞かせる方法を採りがちなのです。

5歳までがとても重要

これからの時代は、自分で考え判断する力や想像力といった「非認知能力」が必須ですが、それらはほぼ5歳までの環境で決まると言われています。

その**大事な5歳までの時期は、父親か母親のどちらかが子どものそばにいて、粘り強く面倒を見てあげるほうがいい**でしょう。

ここで、「出産から5年間も育児に専念してしまうと、お金が足りなくなる」と心配する人もいるかと思います。しかし、5歳までの土台がしっかりしている子どもは、本質的に頭がいいので、その後の塾の費用などもあまりかかりません。長い目で見れば、こちらのほうが効率がいいと僕は思っています。

もう一つ、無闇にお金をかけずにポイントを絞ることも大事です。

今は中学受験が盛んで、あたかもその流れに乗れないと子どもが落ちこぼれてしまうかのような雰囲気さえあります。しかし、世の中で大切なのは「最終学歴」のみです。つまりは、いい大学さえ出ていればいいのです。

小学生の頃からたくさんの塾に通って中学受験をして、高校も大学もそのままエスカレータで私立に通ったならば、相当なお金がかかります。ところが、就職などでものを言う最終学歴は、あくまでその私立大学卒です。

一方、**あまりレベルの高くない公立で中高を過ごしたとしても、大学で国立など有名校に入れば学歴的には立派な勝ち組です。**

だから、大学受験にだけ集中してお金をかければ大丈夫。途中の教育費を心配して共働きをするくらいなら、5年間は割り切ってどちらかが子どもに関わり、基礎となる非認知能力を育ててあげましょう。

国に望んでいくべきこと

さらにマクロな視点では、男女問わずに育休が取れるシステムをつくらねばなりません。**2021年度の調査では、全国の育休取得率は女性は85・1％であるのに対し、**

男性は13・97%に留まっています。

しかも、東京都の担当者によれば、このデータには「退職せざるを得なかった人は含まれていない」とのこと。実際には、気持ちよく育休を取れている人たちは、この数字よりさらに少ないはずです。

こうした状況にあって、いくら「男性ももっと育休を取りなさい」と言っても解決にはつながりません。職場に「男が育休を取るなんて」という空気がある限り、自主的な動きに期待してもなにも変わりません。

東京都は、「仕事を休む」という後ろめたいイメージを変えるために、「育休」に変わる名称を募集し、「育業」に決定したことを発表しました。

それに対する僕の案を披露すると、「労働自粛期間」。日本人は「自粛すべき」という圧力に弱いですから、この言葉を用いれば会社に出てきにくいのではないかと考えました。名称はなんでもいいのですが、ポイントは義務化。父親も含め、育休取得を義務にしてしまうことです。

以前、ある中小企業の経営者がSNSで「寿退社や産休や育休をされると困るので、若い女性は正社員として雇用しません」と発信し、物議をかもしたことがありました。

こうした発言から「若い女性は雇用しづらい」という空気が醸成されてしまうので、実際に雇用しないのは自由だとしても、公言すべきではないと僕は思います。ただ、国の制度が十分ではない以上、ついこうしたことを言いたくなってしまう気持ちはわかります。

実際に、スウェーデンでは育休の義務化をしました。すると、「自分は仕事があるのでできない」という言い訳は通用しなくなり、父親もおむつを換えたり、お風呂にいれたり、ミルクを与えるようになったそうです。

フランスもこれを真似た制度を導入する予定ですし、日本もすぐに取り組むべきだと思っています。

防衛術34

「育休」を義務化する

「学歴至上主義」に染まった社会

リスク
35
「学歴フィルター」にかけられる

ある大手就活サイトが、所属大学によって最初から学生を選別していた疑いが浮上しました。それに続き、大手企業でも同様のことが行われていたことが暴露されています。

公平だと思っていた就職試験で「学歴フィルター」がかけられたことに、ネットで批判が殺到しましたが、**僕は学歴フィルターは当然のことだと思っています。**

求人枠が限られている企業としては、早い段階から優秀な学生に絞って面接したい気持ちはよくわかります。どうでもいい学生と体裁ばかりの面接をしている時間を、優秀な学生との面談に費やしたいでしょう。これは、企業の立場になればわかることです。

しかし、逆に言えば、偏差値の高い大学に入っていれば、学歴フィルターが有利に働くわけです。だから、自分が努力してそういう立場になればいいのです。

そもそも、学歴フィルターをかけてくるのは有名な大企業がほとんどで、小さな会社にはそんな余裕はありません。

つまり、学歴フィルターに文句を言っている人は、有名大企業に入りたいと思っているのです。自分自身がブランドで企業を選んでおきながら、企業がブランドで学生を選ぶことにとやかく言うのは違うでしょう。

それに、あえて僕が指摘するまでもなく、**この世の中は、ありとあらゆるところで前もっての選別が行われています。**そのときに、選ばれるようになりたかったら、そうなるようにするしかありません。

どこもかしこも学歴社会

僕は以前、タレントの鈴木福さんから受験勉強について相談を受けたことがあります。鈴木さんは芸能界の仕事と受験勉強の両立に不安を感じているようでした。同級生たちと戦って少しでもいい大学に入るには、しっかり勉強しなければならない。でも、勉強のために仕事を減らしてしまうと、今後は仕事が来なくなってしまうかもしれない。「どちらにどのくらいの比重を置けばいいのか」判断がつかなくて迷っていたわけです。

その迷いには、芦田愛菜《まな》さんが一つの答えを出しています。彼女は、一時期、仕事を減らして勉強に励みました。そして、偏差値の高い高校に入学して話題となり、その後は「頭のいい女優」というポジションを獲得しています。

競合相手が少ないので、今やＣＭにも引っ張りだこ。受験勉強に費やした時間を全部取り戻しています。

芸能界という特殊な世界でも、やはり学歴はものを言います。クイズ番組を見ていても、「へえ、この人○○大学出身なんだ」と評価が上がることがあるでしょう。

要するに、**いい大学を出ていて損なことはありません。**

逆に言うと、学歴を甘く見ると、将来大きなリスクを背負うことを意味します。

実力の見極めが大事

このように、企業の採用をはじめ、世の中は学歴主義に染まっています。だから、なるべくいい学歴を保有するのは、極めて大事な自己防衛術と言えます。

しかしながら、学力は人それぞれです。自分にはまったく手が届かない大学に執着してしまうのもバカげています。自分の実力と大学のランクをしっかり見極め、その上で効率よく努力しましょう。

僕自身は一浪して大学に入りました。この浪人生活はムダではなかったと思っています。というのも、浪人中の1年間は無職だったわけで、世間が無職という存在に対してどういう扱いをするかがよくわかったからです。人は、相手の立場によって態度をコロリと変える。そのことを身に染みて理解できたのは収穫でした。

とはいえ、ごく一般的な家庭に生まれた僕には一浪が限界。ちょうどいいところで大学に入ったと思っています。

だいたい、一浪してダメなら多浪してもダメです。高校の授業もなくなり、一日中受験勉強をしていられるのですから、1年浪人すればその人の実力にあった大学には合格するはず。

合格できなかったとしたら、本気で勉強していないか、そもそも選ぶ大学のレベルを間違っているかです。

本気で勉強できなかったというのも実力のうちで、やはり、その大学には見合わないということ。すっぱり諦めて、入れる大学にシフトすることをすすめます。

そもそも、のんきに多浪できるのは、ごく限られたお金持ちの子息だけです。

たとえば、医学部の受験者は医師の子息が多く、開業医の親ならばなんとしても子どもに継いでもらいたいはずです。だから、5浪くらいまでお金を出してくれるケースは多々あります。

でも、それが子どもの幸せかどうかはわかりません。それでようやく受かったところで燃え尽きてしまうかもしれないし、10浪しても受かる保証はありません。

自分がうまく生かせるところの、ほどよい学歴が大事なのです。

防衛術
35

ベストな「学歴」を手に入れる

リスク36

巧妙化する「マルチ商法」に狙われる

高齢者が詐欺に狙われる一方、社会経験が少なくて、ある意味純粋な部分がある若者は、怪しい宗教団体やネットワークビジネスの格好のターゲットとなります。

たとえば、旧統一教会は昔から大学で盛んに勧誘活動をしており、今もそれは続いています。このような怪しい宗教について、「どうして信じてしまうのか」と多くの人は思うけれど、実際に引っかかる人はたくさんいます。

僕は昔からこういう宗教団体に興味があったので、中学生の頃、オウム真理教の人とチャットしていたりしました。やりとりを重ねていくうちに、その人が5冊くらいオウム真理教に関する本を送ってきて、本棚を見た母親が驚く、といったこともありました。

覚えておいてほしいのは、高学歴で頭のいい人もどっぷりはまってしまうことがあるということです。旧統一教会の代表としてよくテレビに出ている幹部も京都大学を出ています。オウム真理教だって、幹部に高学歴の人がたくさんいました。

僕が思うに、おかしな宗教を信じてしまう人というのは、中途半端に頭がいい。学校の勉強だけはできるタイプです。

こういう人は、「世の中には絶対的な答えがある」と考えがちです。実際には答えがないことが多いのですが、勉強と同様に答えが出ないと気持ちが悪いんでしょう。だから、それらしいデータをちらつかせて答えを出してくれると、すっかり信じてしまうのです。

占いもその典型です。「あなたに明日、悪いことが起こります」なんていうことを100人に言えば、1人くらいはそうなるでしょう。そして、外れた99人よりも当たった1人のデータが出回ることで、「あの占い師はすごい」となってしまう。本当は、人の未来に絶対的答えなんてあるはずないのです。

陰謀説にはまる人

「世の中には絶対的な答えがある」という考えがエスカレートすれば、陰謀説にも引っかかります。絶対的な答えが見つからないことがあると、「それは一部の人だけが握っていて、大半の人は操られているのだ」と思い込んでしまうのです。

オウム真理教を本気で信じていた若者たちは、アルマゲドンが起こることを自分たちだけが知っていると思っていたはずです。

コロナ禍においては、ワクチンの陰謀説を唱える人もいました。絶対に100%安全なワクチンなどあり得ないのに、それを求め、なければ「陰謀だ」という答えに行き着いてしまうわけです。

こうして一度信じると、どんどん盲目的になっていきます。頭のいい自分が信じたことが、間違っているはずがないからです。

「賢者は歴史に学び、愚者は経験に学ぶ」ということわざがありますが、僕はそれは半分嘘だと思っています。

本当に優秀な人は知識を並べられても、最後は自分でやってみないとわからないと考えます。そして、やってみてもわからなければ、信じることもしないし否定もしないという形で放置します。それでいいのです。

ところが、**とにかく絶対的な答えに行き着きたい人は、「他人の歴史」から学ぼうとします。**「私はこうやったら成功しました」という人がいて、そのデータも見せられて、しかも周囲に反対する声がなければ「この人が正しい」と信じてしまいます。

このように、自分の中に真偽の判断力がない人は、宗教はもちろん、ネットワークビジネスにも引き込まれやすいと言えます。

ネットワークビジネスというリスク

特定商取引法違反にあたるとして、ネットワークビジネスの大手企業が6カ月間取引停止を命じられたことがあります。このとき問題とされたのは、「新しい会員を集めるに当たって会社名を言わなかった」「断ってもしつこく入会を求めた」といった勧誘方法でした。しかし、こんなことは昔から指摘されていることで、何を今さらと思います。

旧統一教会のことも、安倍元首相の殺害事件があって大きくクローズアップされましたが、昔から被害者はたくさん存在したわけです。

つまり、この世の中には、表面に出てはこないものの、こうした得体の知れないリスクが山ほどあると考えたほうがいいでしょう。

それらから我が身を守るためには、普段から自分の頭でよくよく考えることです。

鍋や化粧品が必要なら、そのときにスーパーや百貨店で普通に買えばいいのに、なぜ、その会社から買うのか。それは誰かが楽して儲けたいから。その誰かは誰なのか。すぐに自分を思い浮かべてしまうとしたら、相当に愚かです。

ところが、**楽して儲けたいという欲望にとりつかれていると、いろいろなネットワークビジネスを渡り歩くことになります。**

依存する対象を変えよう

一つのおかしな宗教にはまる人は、宗教ホッピングをしていろいろな宗教にはまる傾向があります。要するに、その宗教の教義を評価しているというより、依存先として気持ちいいところを探しているのでしょう。

自分の信じたいものを信じたい人たちが、信じる先を探している。依存する先を探している。新興宗教もネットワークビジネスも、そういう人たちにお金を使わせることで成り立っているわけです。

僕は、何かに依存したいという気持ちを否定するつもりはありません。たとえば、子育てを頑張るのも、夫を献身的に支えるのも、一種の依存です。キャラ弁を毎日つくるなんて、明らかな依存症だと僕は思います。でも、それで困ることは少ない。

だから、依存すること自体が楽しかったり気持ちよかったりする人は「依存しないようにしよう」と考えるよりも、**社会的に後ろ指を指されない依存先を探すことにシフトしたほうがいい**と思うのです。

お母さんがホストクラブにはまってしまうと、お金はかかるし、世間的にもいい評判は立たないし、へたをしたら家庭が崩壊します。でも、子どものための食事づくりにはまっている分には、誰も不幸になりません。

お父さんがパチンコに依存していると、お金と時間が無駄に失われていきますが、納得のいく給料や仕事内容を提供してくれる会社が依存先になれば、かなりのパフォーマンスを残すこともできるでしょう。

防衛術 36

「いい依存先」を見つけよう

第5章

人間関係

「危ない人」とは
距離を取れ

「みんなと同じ」でないと我慢できない人たち

リスク37 「過度な同調圧力」に晒される

僕が暮らしているフランスでは、休暇は5週間まで取っていいという法律があります。みんな夏休みは1カ月ほどかけてバカンスを満喫しています。

一方で、日本では一週間がせいぜいでしょう。しかも、その短い休みをとるために、前もって周囲の人たちに「ご迷惑おかけしますがよろしくお願いいたします」などと言わなければなりません。

日本人の間では、休みをとることについて、何か罪悪感を抱かねばならない風潮があるようです。実際には**「有給なんだからとって当然だろう」と思っていても、それ**

を口にできない同調圧力があるのです。

この傾向が、いい方向に出るときもあります。

たとえば、東日本大震災のときは、どこでもちゃんと列をつくって並び、暴動などほとんど起きませんでした。日本人は冷静でパニックに強いという見方もできますが、同調圧力に弱いために、自分だけが騒いで目立つことを避け、みんなと同じように振る舞っていただけかもしれません。

ただ、目立つことを避けようとするあまり、道で迷っている人や気分が悪そうにしている人などを助けることに気後れする人も多いようです。学校でいじめに遭っている子どもをどんどん孤立させてしまうのも、同調圧力に弱いからでしょう。

頭の悪い意見はスルーすること

そもそも、同調圧力自体は日本にばかり存在するわけではありません。フランスでもアメリカでも、自分の考えを元に圧力をかけてくる人はいます。ただ、多くはそれに屈しません。

だから、**日本人の間に強い同調圧力が存在するというよりも、日本人は同調圧力に**

弱い国民なのだと考えたほうがいいかもしれません。

フランスでは、小さな子どもを移動させるときに「ハーネス」という紐《ひも》をよく用います。ところが、日本でハーネスを使っている親を見ると、「子どもをペットのように扱うのはどうなのか」というネガティブな意見がすぐに出ます。それは、子育て世代でもない高齢者からも発せられます。

そして、言われた親は使うのをやめてしまいます。

もし、フランスでこれをやったら、「あなたには関係ないでしょ」と返されるのがオチです。実際に、まったく関係ないのです。

もちろん、言論の自由という観点からも、人のやっていることに対して意見を言うこと自体は自由です。でも、「ハーネスを使うな」などと言ってもそれに妄信的に従うことはありません。

使わなかった結果、子どもが道に飛び出して事故に遭ったらどうするのか。意見を言ってきた頭の悪い人が責任を取ってくれるはずもなく、後悔するのは自分と子どもですから、スルーすればいいでしょう。

誰が言っていることなのかを見極める

日本人の、みんなで助け合ったり、一つのことを共同で成し遂げたりする性質は、これからも大事にするべきだと思いますが、くだらない同調圧力に屈する必要はありません。そこは、はっきり区別しましょう。

たとえば、「実は、○○さんがあなたの悪口を言っていたよ」などと丁寧に教えてくれる人がいます。すると、同調圧力に弱い日本人は、「みんなが陰でそう思っているのか」と不安になってしまいます。

しかし、そんな心配はいりません。そういうときは、そのお節介な人が、ほかの人の名前を使って遠回しにあなたに悪口を言おうとしているのです。だから、あなたは「へー」とだけ言っておけばいいでしょう。

本人が直接、「僕はこう思うよ」「私は気になっているの」と、あなたについて意見を述べてきたときは、ちゃんと対応して誤解を解く必要があるでしょう。

一方で、**第三者の意見として語られたものや、「世の中とはこういうものだよ」「みんなそうしているのだから」**などと表現されることに関しては、真面目に取り合うこ

とはありません。

それらは、本当にどうでもいいことばかりなのです。よほど、暇な人がやっていることですから、自分の大事な時間を費やすのはやめましょう。

防衛術37 くだらない「世間体」には従わない

リスク38 人生の失敗はすべて「自己責任」

日本では、年間に2万人くらいの自殺者が出ます。「こんな社会で生きているくらいなら死んだほうがましだよね」と、自分で死を選んでしまう人がたくさんいるわけです。

加えて、最近とくに増えているのが、自死を選ぶのではなく「どうせなら誰か殺してしまおう」と、他者を巻き込むケースです。

彼らはすでに社会に絶望しており、この世に思い残すことや社会的信用への未練なども皆無です。失うものがなにもないから、躊躇《ちゅうちょ》なく他人を犯罪に巻き込むことができる。そういう人たちを、僕は15年くらい前から「無敵の人」と呼んでいます。

こうした**無敵の人は、欧米に比べて日本では少なかったのですが、これからは多く見られるようになる**でしょう。

彼らは、特定の人を恨んでいるわけではなく、社会を敵視しています。だから、その社会の代表として巻き込むのは誰でもいいのです。つまり、あなたも僕も、無敵の人の犠牲になるリスクはあるということです。

そうした事態を受け、無差別犯罪の刑罰を重くしてみても解決にはなりません。刑務所に長く入れられることや死刑になることを嫌がるのは、今の世の中で生きることを快適だと思っている人だけです。むしろ、無敵の人にとっては、刑務所も死刑も苦痛からの解放にさえなりかねないのです。

無敵の人は社会がつくっている

無敵の人は、就職氷河期世代（1970〜1984年生まれ）に多く見られます。

彼らは、バブル崩壊後の不景気で大学を卒業しても正規社員になれず、当時システムができあがったばかりの派遣社員として働くケースが多々ありました。そうして真面目に働いてきたものの、非正規であったために、気づいてみたらきちんとしたスキルが身についておらず、まともな転職もできない。頑張った努力が報われない、とても運が悪い世代なのです。

こうした事情があるのに、彼らの失敗を「自己責任論」で片付けていいのでしょうか。みんな「いいはずはない」とうっすら思いながら、目を背けているだけのように僕には思えます。

以前、DaiGoさんが、生活保護受給者やホームレスを差別する発言をしたと、ネットでひどく叩かれたことがありました。

そのときに、「ホームレスにも人権がある」と叫んでいた人たちは、はたして、そうした考えをどこまで実践していたのでしょうか。たとえば、ホームレスが寝転がらないように地下道に突起を付けたり、公園から追い出したりということを行政はやっています。それについて、何か反対運動など起こしたのでしょうか。

口ではきれい事を言いながら、実際にホームレスが自宅の前に居座ったら「どこかへ行ってくれ」と思うはずです。「自分の見えないところで野垂れ死んでくれたらいいのに」というのが多くの人の本音でしょう。

DaiGoさんを声高に非難している人たちこそ、無敵の人をつくり出している可能性があるのです。

誰でも無敵の人になり得る

自民党の山際大志郎・前経済再生担当大臣は、選挙の街頭演説で「野党の人から来る話は、われわれ政府は何一つ聞かない」と発言しました。

つまり、少数派の人がいくら声を上げても、政権中枢の人は聞かないわけです。それが明言されている以上、「言論では社会は変えられない」と思うのは当然です。

安倍晋三元首相の襲撃事件に関しても、メディアも評論家も一般人もみんな「暴力はいけない。言論で解決すべき」と言っていますが、それが叶わないから暴力事件が起きるのです。

これは、言論の問題ではなく、生存権の問題として捉えなければなりません。

いわゆる社会的弱者は、これまでだったら障害者や外国人に多く見られました。しかし、今はそういう枠にはまらない人もいます。

たとえば、そこそこ健康なのだけれどまともな仕事に就かず、社会に対して文句を言っているような人。こうした存在に対し、人々は「自業自得」と切り捨てます。でも、条件さえ揃えば、誰だってそういう存在になり得るのです。

まずは、そうした想像力を持ってみましょう。

「もし、自分だったら……」と想像してみたら、苦しんでいるときに自己責任論を振りかざされた人が社会に牙を剝《む》きたくなるのも理解できるようになるでしょう。

僕たちができること

もちろん、今たくさん仕事がある人は、どんどん働けばいいでしょう。しかし、「私はこんなに頑張っている」「あなたもそうすればいい」と、自分の考えを第三者に押しつけるのはやめておきましょう。

そもそも、自分の人生を自分の努力だけで切り拓いてきたと思うのは間違いで、必ず誰かに助けられています。自助は大事だけれど、共助も公助もあっての社会です。

うつ病で家から出られなくなったり、事故で大怪我したりするリスクは誰にでもあります。「自分は今のまま、一生食べていけるだろう」と慢心してしまうのではなく、

「いつ働けなくなるだろうか」「そのときに、どうしようか」とシミュレーションしておくくらいがいいのです。

こうした想像力を社会全体が持つことで、無敵の人をつくる前に手が打てるのではないかと思います。

もう一つ、**僕たちにできるのは、無敵の人候補に社会的な居場所を設けること。**会社や家庭だけでなく、なんらかのコミュニティとしての場を設け、彼らに社会と接点を持ってもらうことです。

お金を生み出さないコミュニティではあっても、それが、社会に牙を剝くような人たちを減らしていくのであれば、多くの人にとってお金以上の価値があるはずです。

防衛術38

「自己責任論」を押しつけない

「理解できない」という残念思考＝許せない

リスク39 マイノリティが徹底的に叩かれる

同性婚制度について審議される中で、岸田首相の秘書官だった荒井勝喜《まさよし》氏が「隣に住んでいたら嫌だ」「導入したら国を捨てる人もいると思う」と発言して更迭されました。

僕だったら、こんな差別的な人が隣に住んでいるほうが嫌だし、国を捨てたくなると思うのですが、こうした人を秘書官に任命した時点で、岸田政権の本心が透けて見えます。

それ以外にも自民党からは、「生産性のない人には支援の必要がない（杉田水脈《みお》氏）」

や、「政府が決めた義務を果たす人間にだけ権利が付与される（片山さつき氏）」など、少数派の人たちの人権を著しく踏みにじる発言が続出しています。

参議院選挙に出馬して当選した生稲晃子《いくいなあきこ》氏に至っては、「自分らしく生きられる国へ」というスローガンを掲げておきながら、「同性婚反対」をうたっています。

「想像力」が足りない

そもそも、**同性愛者であるかどうかは、成長する過程で決まるものではなく、趣味の問題でもありません。そう生まれついただけであり、かつ世の中には異性愛者のほうが多かったというだけ**です。

つまり、荒井氏も杉田氏も片山氏も生稲氏も当事者であり得たのに、まったくそういう想像力が欠如しているわけです。

しかしながら、こういうバカな政治家が中枢に居座っている限り、マイノリティは今後もひどい差別を受けるリスクがあります。

マイノリティでなかったとしても、そうした人たちが差別される嫌な世の中で暮らしていかなければならないリスクが膨れ上がっているのです。

マイノリティ差別はこうして起きる

乙武洋匡さんは、身体に障害があるという意味でマイノリティに属します。その彼が、興味深いことを述べていました。

「海外駐在などから帰ってから、なんだかんだ言って日本ほど住みやすい国はないと話す人が多いけれど、日本が住みやすいのはマジョリティにとってであって、マイノリティにとって日本ほど住みにくい国はない」

ロンドンなどの古い街は、日本よりバリアフリー化が遅れていますが、誰かが必ず手を貸してくれるので、車椅子でもどこにでも出かけやすい。ところが、日本で車椅子用の設備が整っていないところに行けば、「来たほうが悪いのだ」という扱いをされるというのです。

乙武さんは、**「政治にマイノリティ差別問題の解決を期待しても無理」**と断言しています。選挙で選ばれる政治家が、数の多いほうの意見を取り入れるのは当たり前のことだからです。

個人にしかできないことをやろう

では、マイノリティが無視し続けられる社会のまま放置していいのか。そんなはずはありません。

ここは、僕たちが声をあげていくしかありません。しかも、半端な声のあげ方ではダメで、政治家たちが危機感を抱くようなものでなくてはなりません。

フランス人は、何か不満があったときにはすぐにデモをします。そうした声に上が耳を傾けないでいた場合、昔は王様を殺しに行きました。

このように、マイノリティの人たちを排除していると、「彼らが自分を打倒しに来るかもしれない」というような恐怖感を政治家や役人が持てば、マイノリティの声にも耳を傾けるようになるでしょう。

もう一つ、とても大事なポイントがあります。**マイノリティを差別している人は、単に自分がマジョリティに属しているというだけでものを言うので、間違っていることが多い**のです。だから、そこを徹底して追求するのも有効です。

かつて、石原慎太郎氏が東京都知事だったとき、都の青少年健全育成条例改正案に関し、こんな発言をしました。

「テレビにも同性愛者が平気で出る。日本は野放図になりすぎている」

この発言、突っ込みどころ満載ですね。

これまでにも、日本ではおすぎとピーコさんやマツコデラックスさんなどがお茶の間の人気を得ているし、海外でもジョディ・フォスターやリンジー・ローハンなどの有名人が同性愛者であることを公表しています。

かつての戦国武将の多くが同性と関係を持っていたこともわかっています。

少しも、野放図に変化してなどいません。

それに何より、どうして同性愛者がテレビに出てはいけないのか。石原氏のような差別主義者が出てもよくて、なぜ同性愛者がダメなのか。まったく知性のかけらもない発言です。

こうした**おかしなことを言う人を、まともなマジョリティがマイノリティと連携して徹底的に潰していく**ことが、これからの日本社会には必要でしょう。

防衛術 39

矛盾だらけの主張を「論破」する

リスク40

執拗なモンスタークレーマー

長野市の「青木島遊園地《あおきじま》」が、たった1軒の住人から寄せられた「子どもの声がうるさい」というクレームで取り壊されることが大きなニュースになりました。

このクレームをあげたのは高齢者夫婦で、隣接する児童センターについても、「遊戯室で子どもが遊ぶ音が気になる」と執拗《しつよう》に文句を言ったようです。

結局、多くの市民の税金でつくられた公園も児童センターも、一組の老夫婦のために使うことができなくなってしまいました。

この公園を楽しく利用していた人はたくさんいるはずなのに、行政は声の大きいモンスタークレーマーに屈してしまったわけです。

それにしても、市の未来を担う子どもたちの当たり前の楽しみよりも、たったひとりの意見が優遇されてしまうとは、あきれるしかありません。

この事例でもわかるように、**苛烈なクレームをあげてくる人は、高齢者など暇であることが多い**のです。時間があるから、何度でも何時間でもそれをやってきます。

一方で、クレームを受けるまともな人は忙しくしているので、どこかで嫌になってしまうのでしょう。その結果、クレーマーの言い分が通ってしまう。こうした理不尽なことは、今後も増えると予想されます。

クレーマーに狙われやすい人

ここで、クレーマーの標的にされやすい人について考えてみましょう。

クレーマーは、とにかく文句をつけたいわけです。とくに論理的に思考が整理されているわけではないから、言っているうちに「あれも気に入らない、これも気に入らない」と増長していきがちです。

そういうクレーマーに対し、言われたら言われっぱなしでいると、向こうはどんどん調子に乗ってきます。

だから、感情移入したり、「この人の気持ちも汲んであげたい」などと優しい態度を取る必要はありません。あまり誠実に対応していると、心を病んでしまいかねませんから。

クレーマーに対する一番いい対応は、「相手に話をさせることを目的にする」とい

うことです。

相手の話を理解しようとするのではなく、とにかく吐き出させる。理解しなくていいので、「おっしゃるとおりですよね」などと相づちを打ちながら話を聞いていれば、だんだんと相手の怒りは収まってきます。その過程では、「口癖を見つける」など密かにゲーム化してもいいでしょう。とにかく、自分の心を守ることが重要です。

自分のメンタルを削ってはならない

僕は以前、仕事でクレーム電話を受けることが多々ありました。相手の話が長くなりそうなときは、「上司に相談してかけ直します」と言って一度切り、10分ほど漫画を読みました。

そうして楽しい気持ちになったところで電話をかけ直し、「上司と相談したのだけれど難しかったんです」と伝えたものです。すると相手は、「頑張って対応してくれたんだね」といった雰囲気になることがよくありました。

実際には、上司と相談などしてはいませんが、相手の怒りが収まってくれたのだからそれでいいのだと思います。

もちろん、商品の使い方がわからないなど、まともな質問をしてくる人に対しては誠実な対応が必要です。しかし、そういう人たちとクレーマーは違います。クレーマーに時間を費やすのはムダ。自分のメンタルを削ることはさらなるムダです。

話の途中で激高すると、相手はあなた自身についてぼろくそに言ってくるかもしれません。しかし、そこで「自分が責められている」などと思う必要はありません。

今は、SNSを利用してのクレームも多く、飲食店などでちょっと気に入らないことがあったら、大げさに騒ぎ立てる人がいます。営業妨害もいいところです。

こうした事態に立ち向かうために、**飲食店側でネットワークを持ち、「この人はクレーマーです」という情報を共有し合えるような仕組みがあってもいい**でしょう。

実際に、クレジットカードの支払いが滞った人は、ブラックリストに載ってカード会社でその情報が共有されています。

こうした仕組みが、クレーマー対策として、さまざまな分野で導入されていいのではないでしょうか。

防衛術 40

発言をまともに取り合わない

「独身おじさん悲しき孤独」問題

リスク41
4人に1人が「結婚できない男」

２０２０年の国勢調査で、男性の生涯未婚率が25・7％、女性の場合16・4％と過去最高になりました。

生涯未婚率は、50歳になった時点で一度も結婚したことがない人の割合で算出します。50歳で結婚経験がない人がその後結婚する確率は、わずか0・01％レベルですから、生涯未婚率という数字は、かなり信頼できるものです。

１９７０年の調査では、生涯未婚率は男性１・７％、女性３・３％でした。それが今は様変わりして、日本人男性の４人に１人は、一度も結婚しないのです。

しかし、それは結果であって、彼らが「結婚したくない」わけではありません。結婚したいけれどできない。正確に言えば、「できない」と彼らが考えているということになります。

そして、その理由は「お金」です。

経済的なことは深く考えず、わりと気楽にできちゃった婚などをする人もいるにはいますが、圧倒的に少数派です。

日本は教育水準が高いため、結婚して子どもを育てていくにはどういう状況が必要かということを、多くの人が知っています。だから、「僕の稼ぎじゃ結婚できない」と考えてしまうわけです。

実際に、収入と結婚率はリンクしています。年収600万円以上の人を見ると、20代の場合65%が、30代だと78%が結婚済みです。このように、お金がある人は結婚しているのです。

しかしながら、**収入が少なかったり不安定だったりする男性にとって、結婚できないリスクはますます高まっていく**ことでしょう。

少子化も深刻になる

未婚率の上昇は少子化問題にも直結します。

少子化が続く今の日本では、毎年40万〜70万人くらいずつ人口が減っています。第二次世界大戦で亡くなった日本の民間人がだいたい70万人くらいですから、毎年、それと同等の人口が失われているという恐ろしいことが起きているのです。

政府が本気で少子化問題を解決したいなら、普通の人たちが安心して結婚できるような状況をつくることが不可欠です。

古いタイプの政治家はすぐに、「今の若者は自分が遊ぶことばかり考えていて、家庭を持って責任を果たそうとしない」といった発言を繰り返します。しかし、若者が自己中心的なわけではなく、これは社会的な問題なのです。

そもそも日本人は、結婚して子育てをするのは、自分たち個人の責任でやらねばならないことだと思っています。だから、不安があってなかなか踏み切れないわけです。

そうではなくて、結婚も子育ても社会の責任でやらねばならないことだという意識転換が必須です。

独身でも楽しく生きる

もちろん、結婚して子どもをつくるという道を選ばなくてもいいのです。それぞれが自由に生きるべきですが、「一人だから寂しい」という状況は避けたいはず。

そこで、これからは、**夫婦や家族という形を取らない仲間づくりも必要になってくる**でしょう。

芸人の阿佐ヶ谷姉妹は二人とも独身ですが、アパートの隣同士で住んでいます。ゆくゆくは、同じような独身仲間と一緒に、ハイムを建てて暮らしたいと考えているそうです。こうした構想を抱いている個人や団体は結構いるので、一人の老後が不安なら、そうした情報を探ってみるのもいいでしょう。

なお、友達はいくつになってもつくれるということを忘れないでください。

とくに男性の場合、社会人になってから新しく構築する人間関係のほとんどが仕事にまつわるものです。そこから、生涯付き合えるような友達を見つけるのは難しいかもしれません。

一方で、学生時代の同級生だったら本当の友達でいられるかというと、それも疑問です。学生時代はなんの利害関係もなかったけれど、社会人になるとそれぞれの立場の違いが出てきます。ゴルフに行くにも食事に行くにもお金がかかり、その使い方によっては溝が生じます。

だから、そのときの自分に合わせて新たに友達をつくったらいいのです。

そして、**ある程度の年齢になってからの友達は、お金を使わずに遊べる相手が一番です。**公園を散歩したり、家電売り場を回ってみたり、自宅の修繕に付き合ってもらったり……。そうしたことを楽しくできる友達がいたら、あまり金銭的に豊かではない老後も楽しく過ごせるでしょう。

防衛術41 だらだら遊べる友達をつくる

リスク42 社会に居場所がなくなり「引きこもり」に

「引きこもり」という言葉を、多くの人がニュースなどで耳にするようになったのが

1980年代頃。

当時の引きこもりと言えば、一切外出せず、親のつくったご飯を一人で食べ、風呂にもろくに入らず、自室にこもってゲームなどに講じている若い男性というイメージがもっぱらでした。

しかし、今はもっと「広義」に解釈されるようになり、男女問わず、中高年にも引きこもりが増えています。

彼らの中には、「コンビニには行けるけれど会社には行けない」といったようなケースもあって、どこから引きこもりと呼ぶかについて、正確な線引きは難しくなっています。

定義はどうであれ、**「その人が家に閉じこもりがちな状況が社会的に肯定されにくく、そのために本人や周囲が苦しんでいる」というのであれば問題**です。

家に閉じこもりがちというなら、僕も引きこもり予備軍です。僕は、家でゲームをやったり、ネットフリックスを観たり、本を読んでいるのが大好き。外に出るのは面倒で仕方ないタイプです。

そんな僕が、かろうじて引きこもりと呼ばれないのは、ネットでいろいろ発信したり「社会で活動している感」があるからでしょう。

居場所がない引きこもり

心配なのは、「社会に居場所がない」と感じていて、引きこもりを選ぶしかない人たちです。

日本では、就職がうまくいけば大企業に居場所ができるし、いい給料を貰って結婚すれば家庭という居場所もできます。

一方で、ブラック企業に勤めたり、非正規雇用だったりして「いつこの職を失うかわからない」というケースでは、安心して家庭も持てないのが現状です。そして、実際に職を失ってしまうと、それを機に引きこもりになる人も多いのです。

では、最初の就職さえうまくいけば安心かというとそうでもない。変化が大きい時代には、どんな大企業だって倒産する可能性はありますし、終身雇用は崩れていつリストラされるかわかりません。安定した収入がなくなれば、結婚生活も危うくなって家庭という居場所も失いかねません。

こうして、中高年になってから引きこもる人が増えています。

傾向としては、社会から孤立してしまうのは「定職に就いていない男性」が多いようですが、**これからの時代、女性も含め中高年の引きこもりが激増し、やがて100万人を超えるのではないか**と危惧しています。

社会との接点はなんでもいい

引きこもりにならないために大事なのは社会と接点を持つことですが、**「どこかに勤めること」にこだわりすぎないほうがいい**でしょう。

たしかに、仕事についてお金を稼げば、それを使っていろいろな活動ができ、さらに世界が広がるというサイクルには入れます。

でも、引きこもりになる人はもともとコミュニケーションが苦手で、会社勤めが大きなストレスになる可能性があります。

それに、勤めなくても、ある程度のお金稼ぎはできます。

たとえば、ネットで何かの商品を仕入れて転売するというのもいいでしょう。日本では売っていないものを外国から仕入れれば、高い値段で売れます。引きこもりがちな人は、ある特定の分野に強い関心を持っていたりするので、その知識を生かしてうまい商売ができるかもしれません。

僕の知人の弟は、5年間ほど引きこもった後、オンラインゲームの会社に就職して活躍しています。引きこもった間に得たスキルがとても役立っているみたいです。

オンラインの監視業務といった仕事もあり、家に閉じこもりながらお金を稼いでいる人たちもいます。

場合によっては病院も頼ること

自助グループや趣味のコミュニティなどを利用して、友達をつくるのもおすすめです。

大企業でバリバリ働いている人でも、仕事関係にしか知り合いがいなくて、週末に遊べる友人を持っていない人は多いのです。

だから、自信を持って友達づくりにチャレンジしましょう。

ただ、いきなりリアルの会合に行くのはハードルが高いと思います。初参加であれば、そこにいる人たちはすでに仲間になっているわけですから、疎外感も生じるかもしれません。

最初はネット上で参加して、そこが居心地がよさそうならリアルの会合にも行ってみるというくらいでいいでしょう。

もう一つ、大事なことを述べておきます。

人とうまくコミュニケーションが取れないとき、単純にその人の性質的な問題ではなく、何か病気が隠れている可能性があります。

病気ならば、正しい治療を受けることでうんと生きやすくなります。なにより、病気は放置したら悪化してしまいますから、**「なんかうまくいかない」「すべてが嫌でたまらない」「何もかもが面倒」みたいな気持ちが強いときは、まず病院に行って相談してみることも大事**です。

防衛術 42

社会的なつながりを簡単に手放さない

「他人の不幸」こそが最高のエンタメ

リスク43 炎上祭り化する誹謗中傷

人気があったリアリティ番組『テラスハウス』に出演していた女性が、SNSに寄せられた視聴者からのバッシングに耐えかねて自殺したことは記憶に新しいですね。この事件を受け、女性の母親が誹謗《ひぼう》中傷メッセージを書き込んだ男性を相手に裁判を起こしました。

また、野球選手の井納《いのう》翔一さんは、妻を誹謗中傷した20代の女性を訴えました。

このように、いわれない誹謗に対しても、かつては「有名税」として我慢することが多かった芸能関係者やスポーツ選手などが、裁判を起こすようになりました。

しかも、テレビ局や出版社などの組織ではなく、素人である個人を相手にするケースが増えています。

こうした裁判では、たとえ勝ったとしても取れる賠償金はわずかです。先ほどの女性のケースでも、129万円の支払い命令が下されただけです。

そのわりに弁護士費用がかかりすぎることから、過去においては、泣き寝入りをする人が多かったのです。でも、今はそうした案件を専門に引き受ける弁護士も増え、裁判が起こしやすくなっています。

このことは、**人を侮辱するような内容を発言したり拡散したりすれば、相手が有名人であろうとなかろうと、悪気があろうとなかろうと、誰でも訴えられ犯罪者になるリスクがある**ということです。

裁判が仕事になる可能性

僕が管理人をやっていた2ちゃんねるでは、いろいろな書き込みがなされました。特定の人に対する悪口が書かれたのも事実です。

「この話は嘘だから削除してくれ」という依頼も来ましたが、それが本当に嘘であるのか真実なのか、僕には確かめようがないケースがほとんどでした。

もし、裁判が行われ「嘘だから消せ」という判決が出たのならすぐに消せますが、そうではないものについて、表現の自由という問題があって簡単には消せなかったのです。その結果、僕はたくさんの裁判に負けたわけですが、今はかなりしっかりした法律が整ってきています。

その結果、普段からネットでいろいろ言われている人なら、本気で裁判を起こせばかなりの賠償金が取れる状況になっています。

一人ひとりから取れる額面は少なくても、多くの人が寄ってたかって叩いているような場合、合計額は大きくなります。

だから、**「よくわからないけど、みんなが言っているんだからそうなんだろう」と、便乗して誰かを誹謗中傷するようなことはやめたほうがいい。**軽い気持ちでやったはずが、賠償金を請求されるリスクがあるからです。

荒れるコメントは即閉じで対応

逆に、誰もが誹謗中傷の標的とされる危険性も秘めています。

これからいろいろな裁判例が蓄積されるにつれ、バッシングするほうも「ここまでなら大丈夫」「この言い方なら大丈夫」というような知恵もつけていきます。

インターネットというツールがこれからも大きく広がっていくことが確実ですから、どう考えてもバッシングはなくならないでしょう。

有名人はもちろん、一般人でもちょっと人の目につくようなことがあれば、どこで何を言われるかわかりません。

もし、コメント欄が荒れることが気になるなら、すぐに閉じてしまいましょう。

寄せられるコメントには、好意的なものもたくさんあります。一方で、批判的なものも必ずあります。批判的なコメントを書く人は、それによって当事者が傷ついたり反論したりしてくることを待っている傾向にあります。だから、反応したら、どんどん悪い方向に行きます。

そういうものは無視して、**好意的なコメントを寄せてくれる人たちを大事にしていく覚悟がないなら、コメント欄は閉じること**です。

よく、「誹謗中傷コメントをされている被害者が、自ら対応しなければならない状況はおかしい」と言う人がいます。

しかし、鍵をかけなければ泥棒に入られる可能性は高くなります。泥棒は犯罪ですが、「泥棒が悪いのであって、鍵をかけないでいた人にはなんの落ち度もない。鍵をかけろという風潮自体がおかしい」という理屈は成り立たないでしょう。

これだけSNSの影響力が大きくなった今、自己防衛術は持たねばなりません。

防衛術43
軽い気持ちで誹謗中傷しない

リスク44
キャンセルカルチャーで名作が「お蔵入り」

欧米では、「キャンセルカルチャー」が猛威を振るっています。

キャンセルカルチャーとは、ある地位を得ている人に対し、過去の不適切な行動や発言を取り上げて、その地位を辞任（キャンセル）させるというものです。

たとえば、過去の問題であるにもかかわらず、SNSでの発言が「人種差別的」だと指摘された有名な大学教授が、学会からの除名を求められるというようなことがアメリカで頻発しています。

また、当時すでに謝罪しているのに、キャンセルが避けられないケースもあります。『ティーン・ヴォーグ』という人気雑誌の編集長に就任するはずだった黒人女性は、10年も前の学生時代にアジア人差別のツイートをしました。そのことについて、後に彼女は謝罪しているのですが、編集長になることはキャンセルされました。

出版社としては、すでに謝罪していることを把握しながらも、広告が取れなくなることを恐れたようです。

もちろん、差別的な発言や行動は批判されて当然ですが、それが行き過ぎると失うものも多くなります。**今、どれほど重要な研究を行っている人であっても、すばらしい実績を残している人であっても、過去の過ちによって活躍の場を奪われます。**それは、本人にとってのみでなく、多くの国民にとっても損失でしょう。

日本でも始まっている

キャンセルカルチャーは、日本でも盛んに起きています。

東京オリンピックの開会式では、過去の問題行動を指摘されたことをきっかけとして、ミュージシャン、演出担当者、出演者……とドミノ倒しのように次々と辞任に追い込まれました。

そこで指摘された問題行動は、いじめ、ホロコーストをギャグにしたこと、障害者を揶揄《やゆ》したことなどで、いずれも看過できる内容ではありません。しかし、ずいぶん過去のことで、かつ、本人がどれほど後悔していても昔に返ってやり直すことはできません。

このようなキャンセルカルチャーが台頭する理由は、リベラリズムにあります。

「黒人差別も女性差別も、そのほかあらゆる差別は許されない」という理論は絶対に正しい。これが、日本も含めた西側諸国に共有される概念です。そして、この「絶対」があるために、**差別的な行動や発言をした者は、それが過去のものであっても許されずに弾劾されてしまう**のです。

個人として言うべきこと、やっておくこと

さらに困ったことに、日本では、誰か一人の問題行動が明らかになると、その人が関わったものまでがキャンセルされてしまうというケースが後を絶ちません。

たとえば、すでに映画の撮影は終わっているのに、出演者の一人が大麻で逮捕されたために お蔵入りになってしまったことがありました。

そこには、たくさんの人たちが関わっており、多くの時間もお金も費やされています。また、楽しみに待っていた人たちもいます。そうしたもろもろを台無しにしてまで、すべてをキャンセルする必要があるのでしょうか。

しかも、日本の場合、日本人に対しては徹底的に攻撃するのに、外国人に対しては甘いのです。先の映画はお蔵入りになったのに、薬物で何回も逮捕されているロバート・ダウニー・ジュニアが出ている作品が、映画館で上映されているのはなぜなのでしょう。

キャンセルカルチャーが苛烈化する背景には、世論があります。

前述した『ティーン・ヴォーグ』の件のように、「世論が怖い→広告主が恐れる→出版社が恐れる」というような流れができてしまうと、価値あるものでも救済されなくなるので、まずは世論から変えないといけないと僕は思っています。

クレーマーと同じで、文句を言う人は少数だけれど声が大きいのです。だから、声が大きい少数派よりも、おとなしい多数派の意向がすくい上げられる社会にならない